AF275101

COLEX

GRACIAS POR CONFIAR EN COLEX

Disfrute gratuitamente **DURANTE UN AÑO** de los eBook, audiolibros y Colex Copilot de las obras de Editorial Colex*

ACTIVA TU CÓDIGO PARA ACCEDER A LOS SERVICIOS

1. Accede a **www.colex.es**.

2. Inicia sesión o regístrate como usuario.

3. Dirígete al menú de usuario y haz clic en **«Mis códigos»**.

4. Introduce el siguiente código (**RASCA PARA VER EL CÓDIGO**):

- Una vez se valide el código, aparecerá una ventana de confirmación y su eBook / audiolibro / Colex copilot estarán activos **durante 1 año desde su activación** en la pestaña «Mis libros» en el menú de usuario.

* Los audiolibros están disponibles en las ediciones más recientes de nuestras obras. Se excluyen expresamente las colecciones «Códigos comentados», «Biblioteca digital» y los productos de www.vademecumlegal.es. Colex Copilot únicamente está disponible en las ediciones más recientes de las colecciones «Paso a paso» y «Vademecum».

No se admitirá la devolución si el código promocional ha sido manipulado y/o utilizado.

¡Gracias por confiar en nosotros!

La obra que acaba de adquirir incluye de forma gratuita la versión electrónica.

Acceda a nuestra página web para aprovechar todas las funcionalidades de las que dispone en nuestro lector.

Funcionalidades eBook

Acceso desde cualquier dispositivo con conexión a internet

Idéntica visualización a la edición de papel

Navegación intuitiva

Tamaño del texto adaptable

Síguenos en:

NUEVA FUNCIONALIDAD CON INTELIGENCIA ARTIFICIAL EN LOS LIBROS DE COLEX

| Una cortesía de Iberley.es |

En Colex damos un paso más en innovación jurídica. Desde ahora, las guías «Paso a paso» y los «Vademecum» incorporan una nueva funcionalidad basada en **inteligencia artificial**, gracias a la tecnología de **Iberley IA**.

El lector podrá interactuar directamente con el contenido del libro de forma inmediata, útil y centrada exclusivamente en su materia.

☑ **¿Qué puede hacer el usuario en el libro?**

💬 Realizar preguntas sobre el contenido del libro.

📦 Solicitar explicaciones de artículos, conceptos o normativa.

☀ Utilizar un ChatBot inteligente, contextualizado y acoplado al contenido legal del libro.

💡 Resolver dudas puntuales mientras se estudia o trabaja con la obra.

☒ **¿Qué no puede hacer esta versión del ChatBot?**

✗ No permite generar escritos jurídicos.

✗ No analiza ni responde documentos externos.

✗ No responde a consultas de otras materias distintas a la del libro.

Esta herramienta está pensada para enriquecer la experiencia de lectura y consulta del libro. Su uso es exclusivo sobre su contenido.

¿QUIERES IR MÁS ALLÁ? DESCUBRE IBERLEY IA

Si necesitas una **solución avanzada de inteligencia legal**, con cobertura total de materias y documentos, entra en **www.iberley.es** y accede a todas las funcionalidades profesionales:

CUADRO SIMBÓLICO DE FUNCIONALIDADES		
Funcionalidad	**En los libros Colex**	**En Iberley.es**
Preguntar sobre el contenido del libro	✓	✓
Solicitar explicaciones jurídicas	✓	✓
ChatBot integrado al contenido del libro	✓	✓
Consultas sobre otras materias	✗	✓
Análisis de documentos externos	✗	✓
Generación de escritos jurídicos	✗	✓
Traducción jurídica	✗	✓
Informes y resúmenes legales automáticos	✗	✓
Contratos, guías prácticas y emails para clientes	✗	✓
Estrategias judiciales y jurisprudencia instantánea	✗	✓

CÓMO HACER EL EMBARGO DE UNA NÓMINA AL TRABAJADOR

Descubre cómo gestionar el embargo en la nómina de un trabajador de forma efectiva

CÓMO HACER EL EMBARGO DE UNA NÓMINA AL TRABAJADOR

Descubre cómo gestionar el embargo en la nómina de un trabajador de forma efectiva

EDICIÓN 2025

Obra realizada por el Departamento de Documentación de Iberley

COLEX 2025

© Editorial Colex, S.L.
Calle Costa Rica, número 5, 3.º B (local comercial)
A Coruña, 15004, A Coruña (Galicia)
info@colex.es
www.colex.es

I.S.B.N.: 979-13-7011-377-3
Depósito legal: C 1673-2025

SUMARIO

ANEXO I.
CASOS PRÁCTICOS

ANEXO II.
FORMULARIOS

0.
INTRODUCCIÓN

Al presumirse que el salario es la fuente principal por la que el trabajador satisface sus necesidades, el Derecho del Trabajo necesariamente debe protegerlo al cumplir una función social de estabilidad y de cumplimiento de la política económica del Estado, lo que se consigue por medio de diferentes vías: **creación de un salario mínimo interprofesional (SMI), consideración como crédito privilegiado, declaración de inembargabilidad en la parte que no exceda del SMI, y estableciendo un Fondo de Garantía (FOGASA) en caso de insolvencia de la empresas.**

El embargo de salarios es un procedimiento regulado por la Ley de Enjuiciamiento Civil (LEC) y otras normativas específicas, como la Ley General Tributaria y el Reglamento General de Recaudación de la Seguridad Social. Este mecanismo tiene como objetivo garantizar el cumplimiento de las obligaciones del deudor, respetando al mismo tiempo los derechos del trabajador. La empresa, como **colaboradora en el proceso de recaudación**, recibe una orden judicial o administrativa que le obliga a retener e ingresar las cantidades embargadas en la cuenta indicada por el organismo ejecutante. Es fundamental verificar la autenticidad de la orden para evitar fraudes, utilizando herramientas como el Código Seguro de Verificación (CSV) o contactando directamente con el organismo emisor.

El cálculo de las cantidades embargables se realiza conforme al artículo 607 de la LEC, que establece límites progresivos y declara inembargable el salario mínimo interprofesional (SMI). Además, se aplican reglas específicas en casos como el embargo de indemnizaciones por despido, dietas o pagas extraordinarias, que pueden ser embargadas sin restricciones o con límites diferenciados según su naturaleza

El incumplimiento de una orden de embargo por parte de la empresa puede acarrear graves consecuencias legales, como la responsabilidad solidaria por las deudas pendientes, sanciones económicas y administrativas, y la obligación de cumplir estrictamente con los límites de embargabilidad establecidos.

Por otro lado, el **trabajador cuenta con mecanismos de defensa** frente a embargos incorrectos, como la interposición de recursos administrativos o judiciales en caso de irregularidades, prescripción de la deuda o falta de notificación adecuada. También puede explorar opciones como la negociación de un plan de pagos, la exoneración de deudas mediante el mecanismo de segunda oportunidad, o solicitar reducciones en los porcentajes de embargo por cargas familiares

En el ámbito empresarial, **la recepción de una orden de embargo puede generar diversas dudas y problemas.** Nuestra guía paso a paso aborda de manera práctica todas estas cuestiones, ofreciendo soluciones claras y fundamentadas para que las empresas puedan gestionar correctamente los embargos de nómina, respetando la normativa vigente y evitando posibles responsabilidades legales.

El libro también aborda supuestos complejos relacionados con el embargo de salarios y otras percepciones económicas, tales como:

1. **Embargo de salario a trabajador a tiempo parcial:** en este caso, el salario mínimo interprofesional (SMI) sigue siendo inembargable en su totalidad, independientemente de que el trabajador preste servicios a tiempo completo o parcial.

2. **Embargo de planes y fondos de pensiones:** las prestaciones económicas reconocidas al deudor por la Seguridad Social o cualquier organismo público pueden ser objeto de embargo, salvo en casos específicos como obligaciones alimenticias o deudas contraídas dentro de la Seguridad Social .

3. **Embargo de prestaciones de la Seguridad Social o Servicio Público de Empleo:** estas prestaciones son generalmente inembargables, salvo en los casos mencionados anteriormente, como obligaciones alimenticias.

4. **Embargo de los salarios de tramitación:** los salarios de tramitación tienen la consideración de salario y, por tanto, están sujetos a los límites y porcentajes previstos en el artículo 607 de la Ley de Enjuiciamiento Civil.

5. **Embargo de la indemnización por extinción de contrato laboral:** las indemnizaciones por despido no se consideran salario y pueden ser objeto de embargo sin los límites establecidos en el artículo 607 de la LEC, salvo que la orden de embargo lo especifique expresamente.

6. **Embargo de pagas extraordinarias:** en el mes en que se percibe una paga extraordinaria junto con la mensualidad ordinaria, el límite de inembargabilidad se duplica, aplicándose la escala del artículo 607.2 de la LEC al exceso percibido.

7. **Embargo de dietas incluidas en nóminas:** las dietas no tienen naturaleza salarial y son embargables sin límites, como aclara la STSJ de Castilla y León, rec. 758/2021, de 3 de marzo de 2023.

8. **Embargo del sueldo del cónyuge:** en caso de régimen económico de gananciales, los salarios, sueldos y pensiones de ambos cónyuges pueden acumularse para determinar la parte inembargable, según el artículo 607.3 de la LEC.

9. **Embargo en caso de cambio de trabajo o subrogación laboral:** la empresa debe comunicar al organismo embargante la extinción del contrato del trabajador para evitar responsabilidades legales.

10. **Concurrencia de embargos:** en caso de varios embargos sobre el mismo salario, se aplica primero el embargo que llegó primero, respetando los límites legales. Si el primer embargo consume los porcentajes de la escala del artículo 607, no es posible aplicar un segundo embargo.

11. **Embargo y cargas familiares:** en atención a las cargas familiares del trabajador, el organismo ejecutante puede aplicar una rebaja del 10 % al 15 % en los porcentajes establecidos en la escala del artículo 607 de la LEC.

12. **Embargo de salarios en caso de pluriempleo o pluriactividad:** si el ejecutado percibe más de una remuneración, se acumulan todas para deducir una sola vez la parte inembargable, conforme al artículo 607.3 de la LEC.

1.
NORMATIVA APLICABLE

Diversa normativa regula el embargo de salarios, estableciendo límites y procedimientos específicos para proteger los derechos del trabajador y garantizar el cumplimiento de las obligaciones legales. Antes de entrar en el análisis central de nuestra obra se explican las disposiciones relevantes que iremos desarrollando:

1. **Artículo 607 de la Ley 1/200, de 7 de enero, de Enjuiciamiento civil (LEC)**

   «1. Es inembargable el salario, sueldo, pensión, retribución o su equivalente, que no exceda de la cuantía señalada para el salario mínimo interprofesional.

   2. Los salarios, sueldos, jornales, retribuciones o pensiones que sean superiores al salario mínimo interprofesional se embargarán conforme a esta escala:

   1.º Para la primera cuantía adicional hasta la que suponga el importe del doble del salario mínimo interprofesional, el 30 por 100.

   2.º Para la cuantía adicional hasta el importe equivalente a un tercer salario mínimo interprofesional, el 50 por 100.

   3.º Para la cuantía adicional hasta el importe equivalente a un cuarto salario mínimo interprofesional, el 60 por 100.

   4.º Para la cuantía adicional hasta el importe equivalente a un quinto salario mínimo interprofesional, el 75 por 100.

   5.º Para cualquier cantidad que exceda de la anterior cuantía, el 90 por 100.

   3. Si el ejecutado es beneficiario de más de una percepción, se acumularán todas ellas para deducir una sola vez la parte inembargable. Igualmente serán acumulables los salarios, sueldos y pensiones, retribuciones o equivalentes de los cónyuges cuando el régimen económico que les rija no sea el de separación de bienes y rentas de toda clase, circunstancia que habrán de acreditar al Letrado de la Administración de Justicia.

   4. En atención a las cargas familiares del ejecutado, el Letrado de la Administración de Justicia podrá aplicar una rebaja de entre un 10 a un

15 por ciento en los porcentajes establecidos en los números 1.º, 2.º, 3.º y 4.º del apartado 2 del presente artículo.

5. Si los salarios, sueldos, pensiones o retribuciones estuvieron gravados con descuentos permanentes o transitorios de carácter público, en razón de la legislación fiscal, tributaria o de Seguridad Social, la cantidad líquida que percibiera el ejecutado, deducidos éstos, será la que sirva de tipo para regular el embargo.

6. Los anteriores apartados de este artículo serán de aplicación a los ingresos procedentes de actividades profesionales y mercantiles autónomas.

7. Las cantidades embargadas de conformidad con lo previsto en este precepto podrán ser entregadas directamente a la parte ejecutante, en la cuenta que ésta designe previamente, si así lo acuerda el Letrado de la Administración de Justicia encargado de la ejecución.

En este caso, tanto la persona o entidad que practique la retención y su posterior entrega como el ejecutante, deberán informar trimestralmente al Letrado de la Administración de Justicia sobre las sumas remitidas y recibidas, respectivamente, quedando a salvo en todo caso las alegaciones que el ejecutado pueda formular, ya sea porque considere que la deuda se halla abonada totalmente y en consecuencia debe dejarse sin efecto la traba, o porque las retenciones o entregas no se estuvieran realizando conforme a lo acordado por el Letrado de la Administración de Justicia.

Contra la resolución del Letrado de la Administración de Justicia acordando tal entrega directa cabrá recurso directo de revisión ante el Tribunal».

Establece los límites de embargabilidad de los salarios:

» El salario mínimo interprofesional (SMI) es inembargable.

» Para cantidades superiores al SMI, se aplica una escala progresiva:

- 30 % para el tramo hasta el doble del SMI.

- 50 % para el tramo hasta el triple del SMI.

- 60 % para el tramo hasta el cuádruple del SMI.

- 75 % para el tramo hasta el quíntuple del SMI.

- 90 % para cantidades superiores al quíntuple del SMI.

» En caso de cargas familiares, el Letrado de la Administración de Justicia puede reducir los porcentajes entre un 10 % y un 15 %.

» Los límites también se aplican a ingresos procedentes de actividades profesionales y mercantiles autónomas.

2. **Artículos 167, 169, 170 de la Ley 58/2003, de 17 de diciembre, General Tributaria**

» **Artículo 167 de la LGT (iniciación del procedimiento de apremio):** prevé el embargo como medida de recaudación ejecutiva para asegurar el cobro de las deudas tributarias, estableciendo que dicho embargo debe desarrollarse conforme a los límites y restricciones legales vigentes, garantizando así la protección de determinados bienes y derechos del deudor.

«1. El procedimiento de apremio se iniciará mediante providencia notificada al obligado tributario en la que se identificará la deuda pendiente, se liquidarán los recargos a los que se refiere el artículo 28 de esta ley y se le requerirá para que efectúe el pago.

2. La providencia de apremio será título suficiente para iniciar el procedimiento de apremio y tendrá la misma fuerza ejecutiva que la sentencia judicial para proceder contra los bienes y derechos de los obligados tributarios.

3. Contra la providencia de apremio sólo serán admisibles los siguientes motivos de oposición:

a) Extinción total de la deuda o prescripción del derecho a exigir el pago.

b) Solicitud de aplazamiento, fraccionamiento o compensación en período voluntario y otras causas de suspensión del procedimiento de recaudación.

c) Falta de notificación de la liquidación.

d) Anulación de la liquidación.

e) Error u omisión en el contenido de la providencia de apremio que impida la identificación del deudor o de la deuda apremiada.

4. Si el obligado tributario no efectuara el pago dentro del plazo al que se refiere el apartado 5 del artículo 62 de esta ley, se procederá al embargo de sus bienes, advirtiéndose así en la providencia de apremio».

» **Artículo 169 de la LGT (práctica del embargo de bienes y derechos):** establece el procedimiento y los criterios para la práctica del embargo de bienes y derechos del obligado tributario, destacando que el embargo debe siempre respetar el principio de proporcionalidad y sólo alcanzar una cuantía suficiente para cubrir la deuda pendiente, los intereses, recargos y costas del procedimiento de apremio. En cuanto a la enumeración y orden de los bienes embargables, el artículo señala que, salvo pacto distinto entre la Administración y el obligado tributario, se observará el criterio de mayor facilidad de enajenación y menor onerosidad para el obligado. Si este criterio no puede aplicarse, se seguirá el establecido en el propio artículo.

«1. Con respeto siempre al principio de proporcionalidad, se procederá al embargo de los bienes y derechos del obligado tributario en cuantía suficiente para cubrir:

a) El importe de la deuda no ingresada.

b) Los intereses que se hayan devengado o se devenguen hasta la fecha del ingreso en el Tesoro.

c) Los recargos del período ejecutivo.

d) Las costas del procedimiento de apremio.

2. Si la Administración y el obligado tributario no hubieran acordado otro orden diferente en virtud de lo dispuesto en el apartado 4 de

este artículo, se embargarán los bienes del obligado teniendo en cuenta la mayor facilidad de su enajenación y la menor onerosidad de ésta para el obligado.

Si los criterios establecidos en el párrafo anterior fueran de imposible o muy difícil aplicación, los bienes se embargarán por el siguiente orden:

a) Dinero efectivo o en cuentas abiertas en entidades de crédito.

b) Créditos, efectos, valores y derechos realizables en el acto o a corto plazo.

c) Sueldos, salarios y pensiones.

d) Bienes inmuebles.

e) Intereses, rentas y frutos de toda especie.

f) Establecimientos mercantiles o industriales.

g) Metales preciosos, piedras finas, joyería, orfebrería y antigüedades.

h) Bienes muebles y semovientes.

i) Créditos, efectos, valores y derechos realizables a largo plazo.

3. A efectos de embargo se entiende que un crédito, efecto, valor o derecho es realizable a corto plazo cuando, en circunstancias normales y a juicio del órgano de recaudación, pueda ser realizado en un plazo no superior a seis meses. Los demás se entienden realizables a largo plazo.

4. Siguiendo el orden establecido según los criterios del apartado 2 de este artículo, se embargarán sucesivamente los bienes o derechos conocidos en ese momento por la Administración tributaria hasta que se presuma cubierta la deuda. En todo caso, se embargarán en último lugar aquéllos para cuya traba sea necesaria la entrada en el domicilio del obligado tributario.

A solicitud del obligado tributario se podrá alterar el orden de embargo si los bienes que señale garantizan el cobro de la deuda con la misma eficacia y prontitud que los que preferentemente deban ser trabados y no se causa con ello perjuicio a terceros.

5. No se embargarán los bienes o derechos declarados inembargables por las leyes ni aquellos otros respecto de los que se presuma que el coste de su realización pudiera exceder del importe que normalmente podría obtenerse en su enajenación».

> **A TENER EN CUENTA**. Si bien el artículo 169 no cita expresamente la Ley de Enjuiciamiento Civil (LEC), el apartado 5 establece que "no se embargarán los bienes o derechos declarados inembargables por las leyes". Esto implica que el embargo de sueldos, salarios y pensiones estará sujeto a los límites de embargabilidad previstos en la LEC y a las disposiciones de inembargabilidad o limitaciones establecidas legalmente.

» **Artículo 170:** detalla el procedimiento de ejecución del embargo, incluyendo la notificación al pagador (empleador) y la obligación de retener las cantidades embargadas y transferirlas al órgano recaudado. El artículo señala lo siguiente respecto a la ejecución y notificación:

◆ **Documentación y notificación del embargo:** cada actuación de embargo debe ser formalizada en una diligencia, que se notificará a la persona con la que se practique la actuación. Tras efectuar el embargo, la diligencia se notificará tanto al obligado tributario como, en su caso, a terceros titulares, poseedores o depositarios de los bienes (apartado 1).

- **Empleador o pagador:** aunque el artículo no menciona de manera expresa al pagador (empleador) en el embargo de salarios, se desprende de su tenor que, si el pagador es un tercero depositario o poseedor del bien embargado (en este caso, el salario), la notificación debe hacerse también a este tercero. Con la notificación, el pagador quedará obligado a practicar la retención de las cantidades embargadas y transferirlas al órgano recaudador competente, de acuerdo con la normativa general sobre embargos.

- **Obligación de retener y transferir:** al notificarse la diligencia de embargo al pagador, este asume la obligación de retener las sumas indicadas en la diligencia y proceder a su ingreso ante la Administración tributaria, en el contexto y términos establecidos reglamentariamente.

- **Oposición y recursos:** las posibilidades de oposición del embargado se limitan a los motivos que taxativamente enumera el artículo (apartado 3), no afectando a la ejecución material de la retención por parte del empleador/pagador mientras no prospere la reclamación.

> «1. Cada actuación de embargo se documentará en diligencia, que se notificará a la persona con la que se entienda dicha actuación.
>
> Efectuado el embargo de los bienes o derechos, la diligencia se notificará al obligado tributario y, en su caso, al tercero titular, poseedor o depositario de los bienes si no se hubiesen llevado a cabo con ellos las actuaciones, así como al cónyuge del obligado tributario cuando los bienes embargados sean gananciales y a los condueños o cotitulares de los mismos.
>
> 2. Si los bienes embargados fueran inscribibles en un registro público, la Administración tributaria tendrá derecho a que se practique anotación preventiva de embargo en el registro correspondiente. A tal efecto, el órgano competente expedirá mandamiento, con el mismo valor que si se tratara de mandamiento judicial de embargo, solicitándose, asimismo, que se emita certificación de las cargas que figuren en el registro. El registrador hará constar por nota al margen de la anotación de embargo la expedición de esta certificación, expresando su fecha y el procedimiento al que se refiera.
>
> En ese caso, el embargo se notificará a los titulares de cargas posteriores a la anotación de embargo y anteriores a la nota marginal de expedición de la certificación.
>
> La anotación preventiva así practicada no alterará la prelación que para el cobro de los créditos tributarios establece el artículo 77 de esta ley, siempre que se ejercite la tercería de mejor derecho. En caso contrario, prevalecerá el orden registral de las anotaciones de embargo.

3. Contra la diligencia de embargo sólo serán admisibles los siguientes motivos de oposición:

a) Extinción de la deuda o prescripción del derecho a exigir el pago.

b) Falta de notificación de la providencia de apremio.

c) Incumplimiento de las normas reguladoras del embargo contenidas en esta ley.

d) Suspensión del procedimiento de recaudación.

4. Cuando se embarguen bienes muebles, la Administración tributaria podrá disponer su depósito en la forma que se determine reglamentariamente.

5. Cuando se ordene el embargo de establecimiento mercantil o industrial o, en general, de los bienes y derechos integrantes de una empresa, si se aprecia que la continuidad de las personas que ejercen la dirección de la actividad pudiera perjudicar la solvencia del obligado tributario, el órgano competente, previa audiencia del titular del negocio u órgano de administración de la entidad, podrá acordar el nombramiento de un funcionario que ejerza de administrador o que intervenga en la gestión del negocio en la forma que reglamentariamente se establezca, fiscalizando previamente a su ejecución aquellos actos que se concreten en el acuerdo administrativo.

6. La Administración tributaria podrá acordar la prohibición de disponer sobre los bienes inmuebles de una sociedad, sin necesidad de que el procedimiento recaudatorio se dirija contra ella, cuando se hubieran embargado al obligado tributario acciones o participaciones de aquella y este ejerza el control efectivo, total o parcial, directo o indirecto sobre la sociedad titular de los inmuebles en cuestión en los términos previstos en el artículo 42 del Código de Comercio y aunque no estuviere obligado a formular cuentas consolidadas. Podrá tomarse anotación preventiva de la prohibición de disponer en la hoja abierta a las fincas en el Registro de la Propiedad competente en virtud del correspondiente mandamiento en que se justificará la validez de la medida cautelar contra persona distinta del titular registral por referencia a la existencia de la correspondiente relación de control cuyo presupuesto de hecho se detallará en el propio mandamiento.

El recurso contra la medida de prohibición de disponer solo podrá fundarse en la falta de alguno de los presupuestos de hecho que permiten su adopción.

La medida se alzará cuando por cualquier causa se extinga el embargo de las participaciones o acciones pertenecientes al obligado tributario. Asimismo, la Administración tributaria podrá acordar el levantamiento de la prohibición de disponer cuando su mantenimiento pudiera producir perjuicios de difícil o imposible reparación, debidamente acreditados por la sociedad».

En conclusión, el artículo 170 articula que, una vez dictada y notificada la diligencia correspondiente al empleador (pagador) como tercero depositario, este está obligado a retener las cantidades objeto del embargo y transferirlas al órgano recaudador, cumpliendo las instrucciones de la Administración tributaria.

3. **Artículos 70, 71, 75 y 82 del Reglamento General de Recaudación (Real Decreto 939/2005, de 29 de julio)**

» **Artículo 70 del Real Decreto 939/2005, de 29 de julio (providencia de apremio)**

«1. La providencia de apremio es el acto de la Administración que ordena la ejecución contra el patrimonio del obligado al pago.

2. La providencia de apremio deberá contener:

a) Nombre y apellidos o razón social o denominación completa, número de identificación fiscal y domicilio del obligado al pago.

b) Concepto, importe de la deuda y periodo al que corresponde.

c) Indicación expresa de que la deuda no ha sido satisfecha, de haber finalizado el correspondiente plazo de ingreso en periodo voluntario y del comienzo del devengo de los intereses de demora.

d) Liquidación del recargo del periodo ejecutivo.

e) Requerimiento expreso para que efectúe el pago de la deuda, incluido el recargo de apremio reducido, en el plazo al que se refiere el artículo 62.5 de la Ley 58/2003, de 17 de diciembre, General Tributaria.

f) Advertencia de que, en caso de no efectuar el ingreso del importe total de la deuda pendiente en dicho plazo, incluido el recargo de apremio reducido del 10 por ciento, se procederá al embargo de sus bienes o a la ejecución de las garantías existentes para el cobro de la deuda con inclusión del recargo de apremio del 20 por ciento y de los intereses de demora que se devenguen hasta la fecha de cancelación de la deuda.

g) Fecha de emisión de la providencia de apremio.

3. Son órganos competentes para dictar la providencia de apremio los que establezca la norma de organización específica.

En caso de que se asuma mediante convenio la recaudación ejecutiva de deudas de otras Administraciones públicas, la providencia de apremio será dictada por el órgano competente de dichas Administraciones.

4. En el caso de deudas a favor de la Hacienda pública estatal, que deban satisfacer las comunidades autónomas, entidades locales, organismos autónomos y otras entidades de derecho público, y sin perjuicio de la posibilidad de proceder al embargo de sus bienes, en los supuestos no excluidos por disposición legal, podrá acudirse, asimismo, a los procedimientos de compensación de oficio y deducción sobre transferencias».

» **Artículo 71 del Real Decreto 939/2005, de 29 de julio (notificación de la providencia de apremio)**

«En la notificación de la providencia de apremio se harán constar al menos los siguientes extremos:

a) Lugar de ingreso de la deuda y del recargo.

b) Repercusión de costas del procedimiento.

c) Posibilidad de solicitar aplazamiento o fraccionamiento de pago.

d) Indicación expresa de que la suspensión del procedimiento se producirá en los casos y condiciones previstos en la normativa vigente.

e) Recursos que procedan contra la providencia de apremio, órganos ante los que puedan interponerse y plazo para su interposición».

» Artículo 75 del Real Decreto 939/2005, de 29 de julio (diligencias de embargo)

«1. Transcurrido el plazo señalado en el artículo 62.5 de la Ley 58/2003, de 17 de diciembre, General Tributaria, sin haberse realizado el ingreso requerido, se procederá, en cumplimiento del mandato contenido en la providencia de apremio, al embargo de los bienes y derechos que procedan, siempre que no se hubiese pagado la deuda por la ejecución de garantías o fuese previsible de forma motivada que de dicha ejecución no resultará líquido suficiente para cubrir la deuda.

2. Cada actuación de embargo se documentará en diligencia de embargo.

3. Las deudas de un mismo obligado al pago podrán acumularse en una diligencia de embargo.

Cuando las necesidades del procedimiento lo exijan, se procederá a la segregación de las deudas acumuladas».

» Artículo 82 del Real Decreto 939/2005, de 29 de julio (embargo de sueldos, salarios y pensiones)

«1. El embargo de sueldos, salarios y pensiones se efectuará teniendo en cuenta lo establecido en la Ley 1/2000, de 7 de enero, de Enjuiciamiento Civil.

La diligencia de embargo se presentará al pagador. Este quedará obligado a retener las cantidades procedentes en cada caso sobre las sucesivas cuantías satisfechas como sueldo, salario o pensión y a ingresar en el Tesoro el importe detraído hasta el límite de la cantidad adeudada.

La forma, medio, lugar y demás circunstancias relativas a la presentación de las diligencias de embargo podrán ser convenidas, con carácter general, entre la Administración ordenante y los pagadores destinatarios de dichas diligencias. En todo caso, las diligencias de embargo se notificarán conforme al régimen jurídico previsto en los artículos 109 y siguientes de la Ley 58/2003, de 17 de diciembre, General Tributaria.

2. Si el obligado al pago es beneficiario de más de una de dichas percepciones, se acumularán para deducir sobre la suma de todas ellas la parte inembargable. La cantidad embargada podrá detraerse de la percepción o percepciones que fije el órgano de recaudación competente. Si el obligado al pago propone expresamente otra, le será aceptada, si ello no supone obstáculo para el cobro.

3. Cuando el embargo comprenda percepciones futuras, aún no devengadas, y existan otros bienes embargables, una vez cobradas las vencidas podrán embargarse dichos bienes, sin esperar a los posibles devengos o vencimientos sucesivos.

Una vez cubierto el débito, el órgano de recaudación competente notificará al pagador la finalización de las retenciones».

4. **Artículo 27.2 del Estatuto de los Trabajadores (ET)**

   El ET regula el carácter inembargable del salario mínimo interprofesional (SMI). Concretamente, establece que:

   » El salario mínimo interprofesional, en su cuantía, tanto anual como mensual, es inembargable.

   » Para determinar la inembargabilidad, se tendrán en cuenta tanto el periodo de devengo como la forma de cómputo, se incluya o no el prorrateo de las pagas extraordinarias, garantizándose la inembargabilidad de la cuantía que resulte en cada caso.

   » En particular, si junto con el salario mensual se percibiese una gratificación o paga extraordinaria, el límite de inembargabilidad estará constituido por el doble del importe del salario mínimo interprofesional mensual.

   » En el caso de salario mensual con pagas extraordinarias prorrateadas, el límite de inembargabilidad será el importe del salario mínimo interprofesional en cómputo anual prorrateado entre doce meses.

   En conclusión, el Estatuto de los Trabajadores establece que no se pueden embargar las percepciones económicas del trabajador que sean equivalentes al salario mínimo interprofesional. Cualquier cantidad que exceda de dicho límite podrá ser embargada conforme a lo que disponga la legislación de enjuiciamiento civil.

5. **Real Decreto por el que se fija anualmente el salario mínimo interprofesional**

   El RD por el que se fija el SMI se limita a establecer la cuantía del salario mínimo interprofesional para el año en curso, los complementos salariales, así como reglas sobre compensación, absorción y aplicación a trabajadores eventuales, temporeros y empleados de hogar, además de su impacto sobre normas de referencia y contratos privados.

   La norma fija un límite mínimo anual que configura el salario mínimo interprofesional y lo hace de forma conjunta y global, de modo que esta expresión comprende tanto las mensualidades como las pagas extraordinarias. Teniendo en cuenta una interpretación sistemática de la regulación actual y su configuración en su vertiente anual, consideramos que en el cálculo del salario mínimo interprofesional, como cantidad mínima que todo trabajador por cuenta ajena tiene derecho a percibir, ha de estarse a la previsión reglamentaria que dispone que «en ningún caso pueda considerarse una cantidad anual inferior», esto es, contempla el salario mínimo en su cómputo anual, con las cantidades y conceptos antedichos, en la suma de 12.600 Euros que abarca las pagas mensuales y las dos pagas extraordinarias.

   La cuantía del SMI es inembargable en su cómputo anual, incluidas las pagas extra. (STS n.º 1340/2022, de 20 de octubre de 2022, ECLI:ES:TS:2022:4017).

6. **Artículos 25, 32, 37, 38. 39, 41, 44, 108 de la LGSS**

El embargo es la vía fundamental de ejecución forzosa en el procedimiento administrativo de apremio de deudas de la Seguridad Social. La LGSS prevé expresamente la posibilidad de embargo de las prestaciones, pero las remite en su regulación concreta a lo dispuesto en la Ley de Enjuiciamiento Civil. A modo de resumen podemos sintetizar las referencias a embargos que aparecen en el texto refundido de la Ley General de la Seguridad Social (LGSS) en las siguientes:

» **Artículo 25 de la LGSS (prelación de créditos)**

El embargo realizado en primer lugar tendrá preferencia sobre otros embargos, ya sean administrativos o judiciales, asegurando así el cobro preferente de los créditos de Seguridad Social.

Se indica que los créditos por cuotas de la Seguridad Social gozan de orden de preferencia en cobro equiparable al del art. 1924.1.º del Código Civil. Añade: «(...) cuando el procedimiento de apremio administrativo concurra con otros procedimientos de ejecución singular, de naturaleza administrativa o judicial, será preferente aquel en el que primero se hubiera efectuado el embargo».

» **Artículo 32 de la LGSS (imputación de pagos)**

Regula la aplicación de cobros parciales obtenidos en vía ejecutiva sobre deuda apremiada. Dispone: «(...) el cobro parcial de la deuda apremiada se imputará, en primer lugar, al pago de la que hubiera sido objeto del embargo o garantía cuya ejecución haya producido dicho cobro y, luego, al resto de la deuda».

» **Artículo 37 de la LGSS (medidas cautelares)**

En el marco de asegurar el cobro de deudas, la Tesorería General de la Seguridad Social puede adoptar «(...) embargo preventivo de bienes o derechos», que podrá constar en los registros públicos.

» **Artículo 38 de la LGSS (providencia de apremio, otros actos del procedimiento ejecutivo y procedimiento de deducción)**

Este precepto regula el embargo en el marco del procedimiento ejecutivo de apremio:

- El inicio de apremio habilita la ejecución contra el patrimonio del deudor «mediante el embargo y la realización del valor o, en su caso, la adjudicación de bienes del deudor».

- El embargo debe siempre cubrir el principal, intereses y costas, respetando la proporcionalidad.

- La ejecución de garantías (aval, prenda, hipoteca, etc.) se hace también mediante el procedimiento de apremio y ejecución del embargo.

» **Artículo 39 de la LGSS (tercerías)**

Regula expresamente el embargo en el contexto de terceros que puedan alegar dominio o mejor derecho sobre los bienes embargados por la Seguridad Social:

«La tercería solo podrá fundarse en el dominio de los bienes embargados al deudor o en el derecho del tercerista a ser reintegrado de su crédito con preferencia al perseguido en el expediente de apremio».

La tercería de dominio suspende el embargo hasta su resolución, salvo aseguramiento del bien.

» **Artículo 41 de la LGSS (levantamiento de bienes embargables)**

Dispone la responsabilidad solidaria de quienes, conociendo el embargo practicado, colaboren o consientan en el levantamiento (sustracción, ocultación, etc.) de bienes embargados por la Seguridad Social.

Significado: El colaborador en el incumplimiento del embargo responde solidariamente hasta el importe de los bienes cuyo embargo o realización fue impedido.

» **Artículo 44 de la LGSS (caracteres de las prestaciones)**

Prevé, respecto a embargos de prestaciones:

«Las prestaciones de la Seguridad Social (...) no podrán ser objeto de retención, sin perjuicio de lo previsto en el apartado 2, cesión total o parcial, compensación o descuento, salvo en los dos casos siguientes: a) En orden al cumplimiento de las obligaciones alimenticias a favor del cónyuge e hijos. b) Cuando se trate de obligaciones contraídas por el beneficiario dentro de la Seguridad Social.
En materia de embargo se estará a lo establecido en la Ley de Enjuiciamiento Civil».

Es decir, se realiza una remisión a la Ley de Enjuiciamiento Civil sobre el alcance del embargo de prestaciones de la Seguridad Social. Como regla general, salvo estos dos casos, las prestaciones están protegidas frente a embargo.

» **Artículo 108 de la LGSS (inembargabilidad)**

Los bienes y derechos de la propia Seguridad Social son absolutamente inembargables por norma legal. Establece expresamente:

«Los bienes y derechos que integran el patrimonio de la Seguridad Social son inembargables. Ningún tribunal ni autoridad administrativa podrá dictar providencia de embargo ni despachar mandamiento de ejecución contra los bienes y derechos del patrimonio de la Seguridad Social, ni contra sus rentas, frutos o productos del mismo (...)».

7. **Arts. 89-106 del Reglamento General de Recaudación de la Seguridad Social (Real Decreto 1415/2004, de 11 de junio)**

El embargo de bienes en el procedimiento recaudatorio de la Seguridad Social se regula en los artículos 89 a 106 del Reglamento General de Recaudación de la Seguridad Social, que establece lo siguiente:

1. **Obtención de información para el embargo (art. 89)**

   Las Unidades de Recaudación Ejecutiva pueden requerir información sobre los bienes del deudor a administraciones públicas, registros, otras entidades obligadas legalmente y al propio responsable del pago. El deudor que no declare sus bienes no podrá alegar preterición o alteración en el orden de embargo por bienes no señalados.

2. **Obligación de información de entidades financieras (art. 90)**

   Para obtener información sobre cuentas bancarias y operaciones activas o pasivas, se exige autorización previa del Director Provincial de la Tesorería General de la Seguridad Social. Las entidades requeridas deben identificar debidamente al deudor e informar en el plazo máximo de 10 días.

3. **Orden de prelación en el embargo (art. 91)**

   El embargo se realiza sobre bienes del deudor atendiendo a la mayor facilidad de enajenación y menor onerosidad para el mismo. Si esto no es posible, se sigue el orden establecido en el art. 592.2 y 3 de la Ley de Enjuiciamiento Civil. A solicitud del deudor se puede alterar el orden si con ello no se perjudica a terceros y se garantiza el cobro.

4. **Bienes inembargables y limitaciones (art. 92)**

   No pueden embargarse bienes exceptuados en los artículos 605 y 606 de la LEC o en otras normas, y en materia de salarios o prestaciones se aplica la normativa específica (Estatuto de los Trabajadores y art. 607 LEC). Tampoco se embargarán bienes cuyo valor no cubra los costes de la realización.

5. **Diligencia de embargo y notificaciones (art. 93)**

   Por cada actuación de embargo se extiende diligencia notificada al apremiado y, en su caso, a los condueños y cónyuge. En bienes proindiviso, el embargo se limita a la cuota del deudor y se notifica a los demás copropietarios.

6. **Incumplimiento de órdenes de embargo (art. 94)**

   El incumplimiento de las órdenes de embargo conlleva la adopción de medidas, incluso penales. Los depositarios de bienes embargables tienen responsabilidad solidaria por el valor de bienes que pudieran haberse embargado o enajenado indebidamente.

7. **Levantamiento del embargo (art. 95)**

   Satisfecha la deuda, se levanta el embargo y se ordena la entrega de los bienes al deudor o titular, así como la cancelación de las anotaciones de embargo en los registros públicos.

8. **Normas especiales según el bien embargado**

   - **Dinero en efectivo o cuentas (art. 96):** El dinero se ingresa en la cuenta de la Tesorería; en cuentas a la vista el embargo se notifica a la entidad y se retiene el saldo. Para cuentas de varios titulares, se presume reparto a partes iguales salvo prueba en contrario.

   - **Créditos y derechos realizables (art. 97):** Se notifica el embargo al deudor y al obligado al pago, quien debe retener e ingresar los importes vencidos en la Tesorería.

   - **Títulos, valores u otros activos financieros (art. 98):** El embargo se comunica a la entidad depositaria y se ejecuta conforme a las prácticas del mercado o, si no es posible, se notifica directamente al propietario.

   - **Acciones y participaciones sociales (art. 99):** Notificación a los administradores de la sociedad para informar sobre limitaciones estatutarias.

   - **Intereses, rentas y frutos (art. 100):** Notificación al pagador para retención, pudiendo nombrarse depositario-administrador.

   - **Sueldos y prestaciones (art. 101):** Notificación y retención por el pagador, acumulación de prestaciones para determinar el límite de embargo e instrucciones sobre deducción de la parte inembargable.

   - **Bienes muebles y semovientes (art. 102):** Embargo en el lugar de los bienes con medidas cautelares si es necesario, e intervención de la autoridad judicial para acceder a domicilio si es preciso.

   - **Bienes inmuebles (arts. 103-105):** Diligencia detallada del embargo, notificaciones necesarias, obtención de certificaciones registrales y solicitud de anotación preventiva de embargo en el Registro de la Propiedad.

   - **Embargo de empresas (art. 106):** Procede cuando sea preferible embargar la empresa en su conjunto; comprende todos sus bienes y derechos, con medidas como precinto del local o nombramiento de depositario-administrador.

En lo referente a la regulación del embargo de salarios, sueldos, pensiones, retribuciones o prestaciones económicas reconocidas al deudor por la Seguridad Social o por cualquier organismo o entidad pública destacan el artículo 92, apartado 2 y en el artículo 101 de la mencionada norma.

» **Artículo 101 del Real Decreto 1415/2004, de 11 de junio (embargo de sueldos y prestaciones)**

«1. La diligencia de embargo de sueldos, salarios y pensiones u otras prestaciones se notificará al deudor y al pagador. Este último estará obligado a retener e ingresar periódicamente las cantidades retenidas, atendiendo a las limitaciones establecidas para el embargo de esta categoría de bienes, en la cuenta determinada al efecto por la Tesorería General de la Seguridad Social.

2. Si el deudor es beneficiario de más de una de dichas prestaciones, a efectos de deducir la parte inembargable, se acumularán todas ellas, y la cantidad embargada podrá detraerse de la percepción o percepciones que fije la unidad de recaudación ejecutiva. Si el deudor propone expresamente otra, le será aceptada, si ello no supone obstáculo para el cobro.

3. Cuando el embargo comprenda percepciones futuras, aún no devengadas, y existan otros bienes embargables, una vez cobradas las devengadas, podrán embargarse dichos bienes, sin esperar a los posibles devengos sucesivos, continuándose el apremio respecto del débito pendiente sobre los demás bienes del deudor.

Una vez cubierto el débito, el órgano de recaudación comunicará al pagador la suspensión de las retenciones».

» **Artículo 92 del Real Decreto 1415/2004, de 11 de junio (bienes inembargables y limitaciones al embargo)**

«(...) 2. A efectos del embargo de salarios, sueldos, pensiones, retribuciones o sus equivalentes y de prestaciones económicas reconocidas al deudor por la Seguridad Social o por cualquier organismo o entidad pública, se estará a lo dispuesto en los artículos 27.2 del texto refundido de la Ley del Estatuto de los Trabajadores y 607 de la Ley 1/2000, de 7 de enero, de Enjuiciamiento Civil (...)».

9. **Ley de Tráfico, Circulación de Vehículos a Motor y Seguridad Vial (Real Decreto Legislativo 6/2015, de 30 de octubre).**

Esta ley establece las normas generales sobre sanciones y procedimientos para el cobro de multas de tráfico.

» **Artículo 84 del Real Decreto Legislativo 6/2015, de 30 de octubre (competencia)**

«1. La competencia para sancionar las infracciones cometidas en vías interurbanas y travesías corresponde al Jefe de Tráfico de la provincia en que se haya cometido el hecho. Si se trata de infracciones cometidas en el territorio de más de una provincia, la competencia para su sanción corresponde, en su caso, al Jefe de Tráfico de la provincia en que la infracción hubiera sido primeramente denunciada.

2. Los Jefes Provinciales podrán delegar esta competencia en la medida y extensión que estimen conveniente. En particular podrán delegar en el Director del Centro de Tratamiento de Denuncias Automatizadas la de las infracciones que hayan sido detectadas a través de medios de captación y reproducción de imágenes que permitan la identificación del vehículo.

Los órganos de las diferentes Administraciones Públicas podrán delegar el ejercicio de sus competencias sancionadoras mediante convenios o encomiendas de gestión, o a través de cualesquiera otros instrumentos de colaboración previstos en la normativa de procedimiento administrativo común.

3. En las comunidades autónomas que hayan recibido el traspaso de funciones y servicios en materia de tráfico y circulación de vehículos a motor serán competentes para sancionar los órganos previstos en la normativa autonómica.

4. La sanción por infracción a normas de circulación cometidas en vías urbanas corresponderá a los respectivos Alcaldes, los cuales podrán delegar esta competencia de acuerdo con la normativa aplicable.

Quedan excluidas de la competencia sancionadora municipal las infracciones a los preceptos del título IV, incluyendo las relativas a las condiciones técnicas de los vehículos y al seguro obligatorio.

Los Jefes Provinciales de Tráfico y los órganos competentes que correspondan, en caso de comunidades autónomas que hayan recibido el traspaso de funciones y servicios en materia de tráfico y circulación de vehículos a motor, asumirán la competencia de los Alcaldes cuando, por razones justificadas o por insuficiencia de los servicios municipales, no pueda ser ejercida por éstos.

5. La competencia para sancionar las infracciones a que se refiere el artículo 52 corresponderá, en todo caso, al Director General de Tráfico o al órgano que tenga atribuida la competencia en las comunidades autónomas que hayan recibido el traspaso de funciones y servicios en materia de tráfico y circulación de vehículos a motor, limitada al ámbito territorial de la comunidad autónoma.

6. En las ciudades de Ceuta y Melilla las competencias que en los apartados anteriores se atribuyen a los Jefes Provinciales de Tráfico, corresponderán a los Jefes Locales de Tráfico».

» Artículo 110 del Real Decreto Legislativo 6/2015, de 30 de octubre (cobro de multas)

«1. Una vez firme la sanción, el interesado dispondrá de un plazo final de quince días naturales para el pago de la multa. Finalizado el plazo establecido sin que se haya pagado la multa, se iniciará el procedimiento de apremio.

2. Los órganos y procedimientos de la recaudación ejecutiva serán los establecidos en la **normativa tributaria que le sea de aplicación**, según las autoridades que las hayan impuesto».

En el caso de las multas de tráfico gestionadas por la DGT, la norma indicada permite a la Administración Pública (tras agotar los plazos y fases administrativas voluntarias), a través de la Agencia Estatal de Administración Tributaria (AEAT), embargar bienes de personas que hayan incurrido en impagos por sanciones de tráfico. Por el contrario, las sanciones de tráfico no son impuestas por la Dirección General de Tráfico (DGT), los órganos y procedimientos de recaudación ejecutiva dependen de la autoridad que haya impuesto la sanción. Según el artículo 84.3 del Texto Refundido de la Ley sobre Tráfico, Circulación de Vehículos a Motor y Seguridad Vial —en consonancia con el Reglamento de procedimiento sancionador en materia de tráfico, circulación de vehículos a motor y seguridad vial (Real Decreto 320/1994, de 25 de febrero)—, en estos casos se aplicará la legislación específica correspondiente a dichas autoridades.

10. **Actuación administrativa automatizada para la gestión de los embargos de sueldos, salarios y pensiones**

Dentro del ámbito recaudatorio, la actuación administrativa automatizada supone una clara mejora en la tramitación de los expedientes, agilizando el procedimiento y dotándolo de una mayor eficiencia y rapidez. En este sentido, en el procedimiento de embargos en sueldos salarios y pensiones, conviven las actuaciones que se llevarán a cabo de manera automatizada y que se aprueban en esta resolución, con el estudio individual de las cantidades trabadas, el posible levantamiento y la aplicación de los importes ingresados, que no entran dentro de dichas actuaciones.

El embargo se notifica tanto al pagador (empleador o entidad que abona el sueldo, salario o pensión) como al interesado (deudor), muchas veces mediante actuaciones automatizadas, por medios telemáticos y con garantía de autenticidad a través de código seguro de verificación. La actuación automatizada en esta materia se encuentra regulada principalmente por la normativa específica tributaria, en particular la Ley 58/2003, de 17 de noviembre, General Tributaria, y su desarrollo reglamentario (artículos 96.3 de la LGT y 84 y 85 del Real Decreto 1065/2007, de 27 de julio), así como en los distintos decretos aprobados en por las comunidades autónomas con carácter supletorio.

2.
CONOCIMIENTO PREVIO DEL SALARIO Y SU ESTRUCTURA PARA APLICAR EL EMBARGO

La información sobre la composición y estructura del salario es esencial para delimitar la base sobre la cual debe aplicarse la retención por embargo conforme a los límites y exclusiones que establece la ley.

A la hora de explicar el embargo de salarios, es imprescindible señalar que la cuantía equivalente al salario mínimo interprofesional es completamente inembargable, y las cantidades que excedan del SMI solo se podrán embargar conforme a los tramos y porcentajes que establece la Ley, siempre protegiendo los derechos básicos del trabajador. De esta forma, siguiendo con la introducción al concepto analizado, debemos describir la **composición del salario según la normativa laboral** (Estatuto de los Trabajadores), distinguiendo entre salario base y complementos salariales (antigüedad, pagas extraordinarias, pluses, incentivos, etc.).

Para la práctica de embargos salariales, resulta fundamental conocer con precisión qué conceptos integran el salario, ya que la ley procesal (art. 607 de la Ley de Enjuiciamiento Civil) establece límites porcentuales sobre el salario que pueden ser objeto de embargo, tomándose como referencia el salario neto percibido por el trabajador.

Así, los aspectos del documento relativos a la composición, estructura y naturaleza de las diferentes partidas salariales (incluyendo las pagas extraordinarias, complementos personales, de puesto de trabajo o por cantidad/calidad del trabajo) son de interés para determinar:

- **Qué conceptos deben ser tenidos en cuenta a la hora de calcular la cuantía embargable del salario,** debiendo excluir los importes cuya naturaleza no tenga carácter salarial (como indemnizaciones o prestaciones extrasalariales).

- **La inclusión o no de determinadas partidas como bases del embargo** (por ejemplo, el prorrateo de pagas extraordinarias o los complementos en especie, hasta el límite del 30 % del salario total, de acuerdo con su consideración como salario).

- **La necesaria distinción contractual o convencional de las cantidades percibidas por el trabajador,** por cuanto sólo los conceptos que tienen naturaleza salarial estarán sujetos al régimen de embargo salarial previsto en la normativa procesal.

2.1. Composición del salario

El salario comprende la totalidad de las percepciones económicas de las personas trabajadoras, tanto en dinero como en especie, derivadas de la prestación de sus servicios laborales por cuenta ajena.

Las **nociones de salario, estructura salarial y régimen retributivo** aparecen diferenciadas en el marco del artículo 26 del Estatuto de los Trabajadores (ET) y la interpretación jurisprudencial de la configuración salarial en el contrato de trabajo.

El **salario**, según el apdo. 1 del artículo 26 del Estatuto de los Trabajadores (ET), se define como el conjunto de percepciones económicas que reciben los trabajadores, en dinero o en especie, por la prestación profesional de sus servicios laborales por cuenta ajena. Este concepto incluye tanto la retribución por el trabajo efectivo como los períodos de descanso computables como de trabajo, tales como días festivos, fines de semana o vacaciones, sin que tengan este carácter las percepciones extrasalariales (indemnizaciones, suplidos, etc.).

El **régimen retributivo**, por su parte, se refiere al sistema y condiciones conforme a las cuales se determina el devengo y abono de las distintas percepciones salariales que constituyen la estructura salarial. Supone el conjunto de reglas que regulan:

- Las circunstancias de devengo de cada partida salarial.
- Las condiciones en que se genera o pierde el derecho a percibir ciertos conceptos (ejemplo: abono de incentivos en caso de permisos, bajas, ausencias, etc.).
- La forma de cálculo y pago de los diferentes componentes establecidos en la estructura salarial.

Por último, otro concepto que trataremos a lo largo de la obra es la **estructura salarial**, entendido como la descomposición y organización del salario en sus distintas partidas o conceptos, conforme a los criterios pactados en convenio colectivo o contrato laboral. A tenor del art. 26 del ET, Convenio de la OIT n.º 100 y Directiva 2006/54/CE, de 5 de julio de 2006 la estructura salarial debe comprender:

- El **salario base**: retribuye el trabajo prestado por el trabajador en función al tiempo trabajado
- Los **complementos salariales**: retribuyen el trabajo prestado por el trabajador en función al tiempo trabajado (por ejemplo, de puesto de trabajo, calidad, cantidad, incentivos, etc.)

La estructura salarial es, por tanto, el modo en el que se distribuye el salario global del trabajador en partidas diferenciadas conforme a la negociación colectiva o los acuerdos laborales.

En resumen, el salario es el resultado económico de todo lo que percibe el trabajador como remuneración, la estructura salarial cómo se desglosa ese salario (base y complementos) y el régimen retributivo las reglas para percibir esos conceptos (cuándo, cómo y en qué condiciones se cobran).

2.1.1. Salario base

El salario base constituye la remuneración principal pactada para el trabajador por el desempeño de la actividad y funciones previstas en su contrato, tomando como referencia la jornada ordinaria y la categoría profesional, y representa el núcleo esencial sobre el que se añaden el resto de las percepciones salariales.

Por salario base se entiende (apdo. 3 del art. 26 del ET) la parte fija de la retribución económica que percibe el trabajador, determinada por unidad de tiempo o de obra, y que corresponde al trabajo propio de la categoría o grupo profesional según la jornada ordinaria establecida, todo ello con independencia de los complementos salariales que puedan añadirse por circunstancias personales, de puesto de trabajo, cantidad o calidad de trabajo realizado, o resultados obtenidos.

En la práctica, el salario base queda expresamente determinado en las tablas acordadas en el convenio colectivo del sector o la empresa. Dicha cuantía responde a la jornada ordinaria y al grupo profesional del trabajador. Las partes, mediante acuerdo individual, pueden pactar una cuantía superior, pero nunca inferior al mínimo de referencia legal (SMI) o convencional. El salario base se fija fundamentalmente por las siguientes vías:

- **Convenio colectivo:** es el mecanismo principal de determinación del salario base. En la sentencia analizada, se indica que las relaciones laborales están reguladas por el Convenio Colectivo estatal de empresas de consultoría, estudio de mercado y de la opinión pública, el cual publica en el BOE las tablas salariales que fijan el salario base según los distintos grupos o categorías profesionales y por jornada ordinaria de trabajo.

- **Acuerdo individual de trabajo:** en defecto de regulación concreta en el convenio (o para una mejora sobre el mínimo establecido por el convenio), el salario base puede determinarse en el propio contrato de trabajo individual. Este acuerdo no puede fijar una cuantía inferior al salario mínimo legal o al establecido en el convenio de aplicación.

- **Normativa legal:** el artículo 26 del Estatuto de los Trabajadores y el Salario Mínimo Interprofesional (SMI) constituyen el límite inferior que debe respetarse en todo caso, de manera que el salario base nunca puede ser inferior al SMI establecido anualmente por el Gobierno.

2.1.2. Complementos salariales

Por complementos salariales se entiende los conceptos que, añadidos al «salario base» retribuyen circunstancias o cualidades del trabajador, condiciones y circunstancias específicas de la actividad laboral o condiciones propias de la empresa o sector.

Según la normativa, a efectos de clasificación no exhaustiva y ejemplo, podemos citar complementos salariales como:

De puesto de trabajo	Retribuyen las condiciones especiales el puesto de trabajo que se desarrolle: • Trabajos a turnos. • Nocturnidad. • Penosidad. • Peligrosidad. • Embarque. • Gratificaciones jefe de departamento, etc. • Carecen de carácter fijo o consolidable, al encontrarse unidos al puesto de trabajo, es decir, se perderán al cambiar a un puesto de trabajo en que no se den estas características.
Personales	Remuneran circunstancias personales del trabajador que no se computan en el salario base: • Antigüedad. • Títulos. • Idiomas. • Otras circunstancias personales.
Participación de beneficios	Están en función a los resultados económicos empresariales.
Por cantidad o calidad del trabajo	Se establecen en función del rendimiento en el trabajo (primas, incentivos, etc.). Pueden ser fijos o variables.
Complementos en especie	Son retribuciones no dinerarias formadas por la utilización, consumo u obtención, para fines particulares de derechos, bienes o servicios. Este tipo de retribuciones no podrán exceder el 30 por 100 del salario total.
Pagas extraordinarias	Su número y momento de cobro dependen del convenio colectivo aplicable, pero deben ser dos al año y una de ellas ha de percibirse en navidad. Los convenios colectivos, así como los acuerdos entre las partes podrán establecer la percepción de un número superior de pagas extraordinarias pudiendo su importe ser prorrateado entre las 12 mensualidades.

Los distintos complementos salariales se fijan por las siguientes vías:

- **Por convenio colectivo:** es la vía principal y habitual para la fijación de los complementos salariales. El propio convenio colectivo regula los tipos, requisitos, cuantías y criterios de devengo de los complementos que resulten aplicables en cada sector o empresa.

- **Por contrato individual de trabajo:** de forma supletoria o adicional a lo previsto en convenio, empresario y trabajador pueden pactar complementos específicos (por ejemplo, una mejora voluntaria, incentivos personales, primas, etc.), siempre que, por su naturaleza, no sean excluidos por el convenio y respeten la normativa aplicable.

- **Por costumbre, uso o concesión voluntaria de la empresa:** aquellos complementos que, por reiteración en el tiempo o por política empresarial, hayan devenido en condición más beneficiosa, pueden integrarse en la estructura salarial, salvo disposición expresa en contra en el convenio colectivo.

En ausencia de normativa convencional o pacto individual sobre la incorporación de un plus de disponibilidad, hay que entender que su retribución se encuentra comprendida en la retribución global. (**STS, rec. 1322/2004, de 10 de marzo de 2005, ECLI:ES:TS:2005:1512**).

Según el Tribunal Supremo, los complementos que perciben los trabajadores por prestar servicio en ciertas situaciones incómodas, molestas o desagradables, no se incluyen dentro de los ingresos que han de cubrirse cuando la trabajadora está de baja; los citados pluses no compensan el trabajo a tiempo en sí, sino el trabajo prestado en ciertas situaciones y solo han de percibirse cuando el trabajo se preste en tales circunstancias. (**STS, rec. 16/2003, de 15 de mayo de 2004, ECLI:ES:TS:2004:3318**).

2.1.3. Pagas extraordinarias

El trabajador tiene derecho a dos gratificaciones extraordinarias al año, una de ellas con ocasión de las fiestas de Navidad y la otra en el mes que se fije por convenio colectivo o por acuerdo entre el empresario y los representantes legales de los trabajadores. Igualmente se fijará por convenio colectivo la cuantía de tales gratificaciones.

Vienen reconocidas en el art. 31 del Estatuto de los Trabajadores, donde se establece lo siguiente:

> «El trabajador tiene derecho a dos gratificaciones extraordinarias al año, una de ellas con ocasión de las fiestas de Navidad y la otra en el mes que se fije por convenio colectivo o por acuerdo entre el empresario y los representantes legales de los trabajadores. Igualmente se fijará por Convenio Colectivo la cuantía de tales gratificaciones.
>
> No obstante, podrá acordarse en Convenio Colectivo que las gratificaciones extraordinarias se prorrateen en 12 mensualidades».

Un trabajador tiene derecho a un número mínimo de dos pagas extraordinarias. Del citado artículo han de interpretarse las siguientes características:

- Por negociación colectiva podrá establecerse un número mayor de pagas, pero nunca menos de dos.
- La cuantía de las pagas extraordinarias se determinará en el convenio colectivo de aplicación (generalmente salario base más la antigüedad).
- El periodo de devengo será de 12 mensualidades, salvo pacto en contrario.

- Para que se instaure en una empresa la práctica del abono prorrateado será preciso el acuerdo o pacto expreso al respecto.

- En el caso de extinción de contrato de trabajo, las pagas extraordinarias se perciben proporcionalmente a la fecha de extinción.

- Los convenios específicos para las relaciones laborales pueden establecer los conceptos salariales deben integrarse en las pagas extraordinarias, inclusive lo percibido por la realización de horas extraordinarias al poseer carácter salarial. (STS, rec.156/2004, de 21 de junio de 2005 y STS, rec. 1657/2008, de 18 de febrero de 2009).

- Percepción, para tratar este tema es necesario diferenciar entre:

- Devengo (periodo de tiempo en que se genera la paga extraordinaria): puede ser de 12 meses o de 6 meses.

- Abono (forma en que se hace efectiva la paga extraordinaria): bien de una sola vez o prorrateada en las 12 mensualidades.

Prorrateo mensual para las pagas extraordinarias

El Estatuto de los Trabajadores (art. 31 del ET) permite que las gratificaciones extraordinarias se prorrateen en las doce mensualidades siempre que se encuentre así reflejado en el Convenio Colectivo de aplicación. Ahora bien, la regla que permite el prorrateo de las gratificaciones se supedita a que se haya pactado, de forma clara y concisa en el Convenio Colectivo aplicable. No obstante, la jurisprudencia española, ha admitido prorrateo de pagas extraordinarias sin pacto previo, por considerar «que efectivamente el trabajador cobró las cantidades en los recibos mensuales».

En cualquier caso, y además del pacto expreso, se deberá acreditar por la empresa [para que decaiga la posible reclamación de cantidad por dicho concepto] que el trabajador efectivamente percibió su cuantía prorrateada, probándose que en las retribuciones mensuales que recibe el asalariado se encuentra incluida la parte proporcional que corresponde a su devengo mensual. Por el contrario, si su pago prorrateado no queda demostrado, el trabajador continuará teniendo derecho a percibir las dos pagas extraordinarias que se le reconocen legalmente.

El TS ha declarado que no puede el empresario decidir unilateralmente el prorrateo de las pagas extraordinarias; entendiendo que la modificación de la forma de hacer efectivas las pagas extraordinarias (—aunque no suponga disminución de lo recibido—) exige acuerdo entre empresa y representantes de los trabajadores. (STS, rec. 1963/2004, de 7 de febrero de 2005)

2.1.4. Retribuciones variables

La **retribución variable** es aquella parte de la retribución directamente ligada con alguna variable medible y, por tanto, que depende de los resultados obtenidos.

Los sistemas de retribución variable más empleados por las empresas españolas en la actualidad son:

Primas	Es la retribución concedida a muy corto plazo en entornos industriales o de producción, generalmente vinculada a la producción realizada, aunque en la actualidad se utilizan incluyendo otras variables que las puramente productivas como son variables de calidad, costos, al tiempo que se incluye la variable no por individuo sino por grupo de trabajo.
Incentivos (Comisiones o bonus)	Entendemos por incentivos la retribución variable a corto plazo concedida en entornos comerciales y basada en las cifras de ventas conseguidas. Estos incentivos, por los cambios en la distribución de los últimos años como son: mayor concentración de la distribución, incidencia del marketing, búsqueda de rentabilidad, etc., han hecho que hayan evolucionado a variables ligados a objetivos no sólo de ventas sino también de intereses de compañía. Hay que tener en cuenta, además, que, como ha apuntado la Sala IV en la STS, rec. 3813/2004, de 26 de enero de 2006, ECLI: ES:TS:2006:2047, **la regulación de los incentivos de vencimiento anual puede ser distinta de una empresa a otra o, dentro de la misma empresa, de un centro a otro y de un año a otro, tanto en el modo de cálculo como en las condiciones y plazos de devengo**. Ello es consecuencia de la atribución que realiza el art. 26.2 del ET, a «la negociación colectiva o, en su defecto, [al] contrato individual" de la determinación de "la estructura del salario" y de los "complementos salariales" "que se calcularán conforme a los criterios que a tal efecto se pacten"». Así las cosas, el régimen jurídico de este complemento salarial suele remitir a las disposiciones convencionales o a las cláusulas contractuales que lo hayan establecido. El artículo 12 de la Ley 12/1992, de 27 de mayo, sobre Contrato de Agencia, concede al agente el derecho al cobro de sus comisiones devengadas por los actos u operaciones concluidos durante la vigencia del contrato (aun siendo éste verbal). Resulta de aplicación el art. 1964 Código civil, por lo que el **plazo de prescripción para la reclamación de las comisiones pretendidas es el de cinco años**, al tratarse de una acción personal sin fijación especial de plazo. (SAP Valencia n.º 33/2002, de 23 de enero de 2002, ECLI:ES:APV:2002:284).
Gratificaciones	Es un concepto variable cuya principal característica es la ausencia de un sistema. Suele concederse de forma totalmente subjetiva por parte de la dirección por la consecución de resultados excepcionales o por un esfuerzo considerable. Bien utilizada por la dirección puede tener un carácter muy motivador para grandes colectivos
A largo plazo	Se están empezando a introducir en España, destinadas para puestos directivos presentan varias ventajas: • El tratamiento fiscal como renta irregular es más favorable que la renta del ejercicio. • Permite evitar decisiones rápidas sobre temas importantes de posicionamiento de empresa, o rentabilidad que a corto plazo no son palpables, pero sí a largo plazo. Ayudan a establecer barreras de salida a personas claves en la organización. (STS, rec.1543/2001, de 18 de marzo de 2002, ECLI:ES:TS:2002:9428).

2.1.5. Salario en especie

El salario en especie se entiende como aquellas prestaciones que la persona trabajadora recibe de su empleador y que no consisten en dinero, sino en bienes, derechos o servicios valorables económicamente. (Art. 26.1 del ET y STS n.º 386/2017, de 3 de mayo de 2017, ECLI:ES:TS:2017:2074).

A este respecto, el Estatuto de los Trabajadores establece dos límites fundamentales al salario en especie (aplicables también a las relaciones laborales de carácter especial):

- El salario en especie **no podrá superar el treinta por ciento del total de las percepciones salariales** de la persona trabajadora.

- El salario en especie **no podrá dar lugar a la minoración de la cuantía íntegra en dinero del salario mínimo interprofesional.**

En todo caso, no toda percepción en especie que reciba el trabajador de su empresario es salario, de manera que **es preciso diferenciar el salario en especie de las percepciones extrasalariales que pretenden compensar al trabajador por los gastos producidos en la relación laboral.** Aunque no hay criterios generales que permitan identificar cuándo hay retribuciones en especie, resultan útiles, a estos efectos, algunos criterios elaborados por la doctrina judicial como son: que la retribución en especie debe tener su causa en la relación laboral, ha de consistir en la utilización, consumo u obtención de bienes, derechos o servicios para fines particulares y no para el exclusivo desarrollo de la relación laboral, y ha de ser gratuita o por precio inferior al normal del mercado; no hay retribución en especie, sino en metálico cuando la empresa se compromete con el trabajador a cubrir el coste del bien, derecho o servicio mediante la concesión de una subvención económica que el trabajador destina a un fin concreto. Se trata, en definitiva, de una presunción *iuris tantum* que puede ser destruida por la empresa acreditando que el uso de la vivienda obedece a causa distinta del contrato.

Como características del salario en especie, cabe destacar:

- Ha de ser susceptible de cuantificación monetaria.

- La obtención o disfrute ha de ser a un precio inferior al normal del mercado o de forma gratuita.

- Deberá consistir en el disfrute, obtención o consumo de bienes, servicios o derechos.

- El disfrute y obtención de bienes, servicios o derechos, ha de ser, en todo caso, para fines particulares.

- Ha de ser individualizable económicamente, es decir, atribuible al trabajador aisladamente considerado.

- En los supuestos de seguros colectivos de accidente solo tendrán consideración de pago en especie cuando las primas satisfechas sean imputadas a empleados concretos.

- El empresario debe estar obligado de forma convencional o contractualmente, en conexión con el trabajo realizado, es decir, no debe tratarse de un acto de liberalidad del empresario.

- El gasto por el empresario ha de ser irrelevante.
- La retribución ha de derivar de una relación laboral.

A efectos de valorar cuantitativamente el salario en especie, se acude generalmente a los criterios fijados por la normativa fiscal reguladora del IRPF. Con carácter general, hemos de atenernos a lo dispuesto en el art. 43 de la LIRPF:

- En el caso de utilización de una vivienda que sea propiedad del pagador: el 10 % del valor catastral.
- En el supuesto de entrega de vehículos automóviles: el coste de adquisición para el pagador, incluidos los tributos que graven la operación.
- En el supuesto de uso de vehículos automóviles: el 20 % anual del coste de adquisición para el pagador. En caso de que el vehículo no sea propiedad del pagador, dicho porcentaje se aplicará sobre el valor de mercado que correspondería al vehículo si fuese nuevo.
- En los préstamos con tipos de interés inferiores al legal del dinero: la diferencia entre el interés pagado y el interés legal del dinero vigente en el período.

RESOLUCIÓN ADMINISTRATIVA

Resolución Vinculante de Dirección General de Tributos n.º V2846-20, de 22 de septiembre de 2020

De acuerdo con los artículos 75 y 76 del RIRPF, los rendimientos (intereses), satisfechos por el por el empleado —prestatario— a la entidad consultante —prestamista—, no estarán sometidos a retención.

A TENER EN CUENTA. El empleador deberá abonar a los trabajadores, al menos, la cuantía íntegra del salario mínimo siempre en dinero, mediante cualquier medio de pago generalmente admitido, pero sin poder computar en el salario mínimo, como anteriormente se permitía, la valoración dineraria de las percepciones en especie de ningún tipo, tales como alojamiento o manutención, entre otras.

2.2. Percepciones no salariales o extrasalariales

No tendrán la consideración de salario las cantidades percibidas por el trabajador en concepto de indemnizaciones o suplidos por los gastos realizados como consecuencia de su actividad laboral, las prestaciones e indemnizaciones de la Seguridad Social y las indemnizaciones correspondientes a traslados, suspensiones o despidos.

2.2.1. Cantidades percibidas por el trabajador no consideradas como salario

El art. 26 del Estatuto de los Trabajadores establece textualmente que «**no tendrán la consideración de salario las cantidades percibidas por el trabajador en concepto de indemnizaciones o suplidos por los gastos realizados como consecuencia de su actividad laboral, las prestaciones e indemnizaciones de la Seguridad Social y las indemnizaciones correspondientes a traslados, suspensiones o despidos**».

Por todo esto, las percepciones no salariales o extrasalariales se diferencian de las percepciones salariales en que:

- No computan para el abono de los períodos de descanso.
- A efectos de cotización a la Seguridad Social, el quebranto de moneda se ha incorporado a la base de cotización junto a otros suplidos como pluses de vestuario, desgaste de herramientas o quebranto de moneda.
- Al tener una causa determinada no se tendrán en cuenta para el cálculo de determinadas responsabilidades del empresario.
- La percepción de estos complementos puede establecerse en convenio colectivo o ser pactada entre el empresario y el trabajador.
- Será nulo cualquier acuerdo individual en materia de incentivos contrario al acuerdo de empresa o colectivo al respecto de las percepciones extrasalariales.

En la STS, rec. 70/2009, de 16 abril 2010, ECLI:ES:TS:2010:2489, matiza el Alto Tribunal (analizando el plus de transporte y de vestuario):

«(...) "la condición jurídica de salario o de complemento extrasalarial, no depende de la calificación que efectúe el convenio colectivo sino que por imperativo legal que se impone al propio convenio colectivo, toda prestación económica que retribuye el trabajo del empleado debe ser salario puesto que el art. 26.1 constituye una norma de derecho necesario, máxime si se tiene en cuenta que el propio art. 26.2 del Estatuto de los Trabajadores excluye los conceptos que claramente tengan como causa la compensación de los gastos realizados como consecuencia de la actividad laboral (...)"; pero, de esta afirmación no puede deducirse sin más y con el mero apoyo de unos "indicios determinantes del carácter salarial" que concreta en "su carácter regular, al devengarse de modo constante a lo largo de todo el año", "que se cobra en vacaciones anuales y (...) como cantidad fija en doce mensualidades", el carácter salarial de tales pluses, sino que, en su caso, lo que habrá de averiguar es cual sea la naturaleza real de los mismos, y ello dependerá, al margen de la denominación que las partes han dado en el convenio, de si los repetidos conceptos remuneran o no de forma efectiva el gasto de transporte o de mantenimiento del vestido del trabajador».

A tenor del texto refundido, las cantidades percibidas por el trabajador en los siguientes conceptos no se encuentran integrados dentro del concepto de salario:

1. Indemnizaciones o suplidos por los gastos realizados como consecuencia de su actividad laboral:
   » Quebranto de moneda.
   » Desgaste de herramientas.
   » Prendas de trabajo.
   » Dietas por gastos de manutención y estancia, así como los gastos de locomoción.

2. Prestaciones e indemnizaciones de la Seguridad Social, así como las mejoras y las percepciones entregadas directamente por las empresas a los trabajadores o asimilados y las aportaciones efectuadas por aquellas (arts. 238-240 de la LGSS), siempre que el beneficio obtenido por el interesado suponga un complemento de la percepción que le otorga el sistema de la Seguridad Social en su modalidad contributiva.

3. Las indemnizaciones por fallecimiento y las correspondientes a traslados, suspensiones y despidos.

4. Pago en especie.

5. Las percepciones por matrimonio (cantidades en dinero entregadas por el empresario, generalmente a su libre voluntad, salvo que se especifique por convenio colectivo).

6. Las horas extraordinarias (salvo para la cotización por accidentes de trabajo y enfermedades profesionales de la Seguridad Social).

JURISPRUDENCIA

STS n.º 338/2020, de 14 de mayo, ECLI:ES:TS:2020:1914

Calificación de las percepciones ocasionadas por la expatriación del trabajador. «Si las dietas no eran debidas por disposición legal o convencional, al no existir desplazamiento o traslado en términos legales o convencionales por celebrarse el contrato de prestación de servicios en el lugar de ejecución de la obra que constituía su objeto, lo abonado por ese concepto tenía carácter salarial y no compensatorio de gastos por desplazamientos a los que no obligaba el contrato. La naturaleza jurídica de las indemnizaciones se deducía de la inexistencia del deber de desplazamiento de un centro a otro por imposición empresarial, por lo que, al no existir obligación legal, convencional, o contractual de pagar la percepción económica tenía naturaleza salarial conforme al artículo 16.1 del ET. La sala resuelve asimismo la contradicción que se produce entre la consideración del carácter salarial de las cantidades controvertidas y la cuantía de la indemnización por despido improcedente que resulta menor de la debida, considerando el error de la empresa excusable por la dificultad jurídica existente en calificar como salarial las percepciones indemnizatorias por traslado, ya que existen resoluciones judiciales contradictorias con los que particular que evidencian esta dificultad de calificación».

2.2.2. Percepciones extrasalariales destinadas a comida y guardería

Entregas de productos a precios rebajados que se realicen en cantinas o comedores de empresa o economatos de carácter social, teniendo dicha consideración las fórmulas directas o indirectas de prestación del servicio, admitidas por la legislación laboral, en las que concurran los requisitos establecidos en el art. 45 del RIRPF. Deberán cumplir los siguientes requisitos:

1. Que la prestación del servicio tenga lugar durante días hábiles para el empleado o trabajador.

2. Que la prestación del servicio no tenga lugar durante los días que el empleado o trabajador devengue dietas por manutención exceptuadas de gravamen, de acuerdo con el art. 9 del RIRPF.

RESOLUCIÓN RELEVANTE

STSJ de País Vasco n.º 1182/2025, de 13 de mayo, ECLI:ES:TSJPV:2025:1920

El ticket-restaurante abonado por la empresa no puede desnaturalizar o minorar el derecho de los trabajadores a percibir la dieta prevista en el convenio colectivo cuando se justifique su devengo, considerándose únicamente un pago parcial y debiendo completarse por parte de la empresa hasta alcanzar la cuantía convencional.

SAN n.º 118/2018, de 4 de julio, ECLI:ES:AN:2018:2769

La AN en el fallo referenciado, siguiendo las reglas que disciplinan la interpretación de los contratos contenidas en los arts. 1281 y ss. del Código Civil, consideró que la cantidad exenta para la subvención alimenticia debía incrementarse para el año 2018 en un euro por cada día que corresponda percibir dichos tickets hasta alcanzar el máximo legal permitido como exento a efectos de IRPF y fijarse en 11 € por día efectivamente trabajado desde el 1 de enero de 2019 (FJ 3.º).

En este caso, la AN sigue tres criterios:

a) La interpretación literal, atendiendo al sentido literal de sus cláusulas, salvo que sean contrarias a la intención evidente de las partes (art. 1281 del CC) (STS, rec. 185/2003, del 13 octubre 2004, ECLI:ES:TS:2004:6411).

b) La interpretación sistemática, atribuyendo a las cláusulas dudosas el sentido que resulte del conjunto de todas (1285 del CC).

c) La interpretación histórica, atendiendo a los antecedentes históricos y a los actos de las partes negociadoras (art. 1282 del CC). La interpretación finalista, atendiendo a la intención de las partes negociadoras (arts. 1281 y 1283 CC).

En el caso enjuiciado, la interpretación literal del convenio colectivo resultó determinante, pues las expresiones, «Las actualizaciones anuales tácitas —de producirse— lo serán a razón de incrementar el importe del cheque gourmet en un euro diario por día efectivamente trabajado, tras alcanzar con el transcurso de los años el máximo legal permitido y exento a efectos del IRPF, en la legislación de aplicación». «Con incremento de 1 € por día y año hasta el límite fiscalmente exento».

En ningún caso, entiende la sala, limitan el importe del ticket restaurante hasta alcanzar el importe de 9 euros o hasta alcanzar con el transcurso de los años el máximo legal permitido y exento a efectos del IRPF en la fecha del acuerdo, esto es, en 2009.

Vales o cheques de guardería

Utilización de los bienes destinados a los servicios sociales y culturales del personal empleado (espacios y locales, debidamente homologados por la administración pública competente, destinados por los empresarios o empleadores a prestar el servicio de primer ciclo de educación infantil a los hijos de sus trabajadores, así como la contratación de dicho servicio con terceros debidamente autorizados).

Por lo tanto, estarán exentas las retribuciones del trabajo no dinerarias que, cumpliendo los requisitos antes expuestos, consistan en el pago por las empresas de los gastos de guardería de sus trabajadores, mediante la entrega a los empleados de vales que se aplican a costear los gastos de dicha naturaleza.

RESOLUCIONES ADMINISTRATIVAS

Resolución vinculante DGT n.º V0156-19, de 24 de enero de 2019

Se fija la compatibilidad entre la exención prevista en el artículo 42.3.b) y la deducción por guarderías del artículo 18 de la Ley del Impuesto sobre la Renta de las Personas Físicas.

2.2.3. Dietas, desplazamientos y gastos de viaje

La **dieta** es una percepción económica, de naturaleza extrasalarial, que tiene por finalidad compensar al trabajador de los gastos que tiene que realizar (comidas, pernoctación, etc.) por desempeñar su trabajo, por cuenta de la empresa y de modo temporal, fuera del centro o lugar habitual de trabajo. La comida solo tendrá la consideración de dieta a efectos laborales cuando tenga su origen en un desplazamiento en las condiciones expuestas. Cuando no sea así, tendrá la consideración de salario en especie (comidas en el comedor de la empresa, *tickets restaurant*, etc.).

Los gastos de locomoción son retribuciones de carácter irregular que responden a los gastos que genera en el trabajador la orden empresarial de desplazamiento provisional o temporal a un lugar distinto a aquel donde habitualmente presta sus servicios o donde radica el centro de trabajo, para efectuar tareas o realizar funciones que le son propias.

El abono de ambos gastos está **excluido de la base de cotización y exento de tributación**, siempre que no exceda de unas determinadas cantidades. (STSJ del País Vasco n.º 1182/2025, de 13 de mayo, ECLI:ES:TSJPV:2025:1920).

La cuantía de los gastos de locomoción y de las dietas exceptuadas de gravamen en el Impuesto sobre la Renta de las Personas Físicas (IRPF) puede resumirse conforme a la siguiente tabla:

CONCEPTO					IMPORTE EXENTO	IMPORTE NO EXENTO
Gastos de manutención y estancia (dietas)	Gastos de estancia				Importe justificado	Importe no justificado
	Gastos de manutención	Pernocta	España		53.34 euros	El exceso de tales cantidades
			Extranjero		91.35 euros	
		No Pernocta	España		26.67 euros	
			Extranjero		48.08 euros	
			Personal de vuelo	España	36.06 euros	
				Extranjero	66.11 euros	
Gastos de locomoción	Transporte público				Importe justificado	Importe no justificado
	Por su cuenta				0.26 euros/ Km recorrido + peajes y aparcamiento justificado	El exceso

A TENER EN CUENTA. Las dietas, en cuanto importes satisfechos por las empresas a sus trabajadores para cubrir los gastos de desplazamiento, manutención y estancia derivada de los viajes de trabajo, están exentas de tributación y de cotización, siempre que se justifique la realidad del desplazamiento, el lugar y el motivo y no se sobrepasen los importes considerados normales por la normativa del IRPF.

A los efectos indicados, el pagador deberá acreditar el día y lugar del desplazamiento, así como su razón o motivo. Las asignaciones para gastos de locomoción, manutención y estancia que excedan de los límites previstos estarán sujetas a gravamen.

RESOLUCIÓN RELEVANTE

STSJ de Madrid n.º 360/2013, de 29 de mayo, ECLI:ES:TSJM:2013:5979

«A efectos de su exclusión en la base de cotización a la Seguridad Social, únicamente tendrán la consideración de dietas y asignaciones para gastos de viaje

> las cantidades destinadas por el empresario a compensar los gastos normales de manutención y estancia en restaurantes, hoteles y demás establecimientos de hostelería, devengadas por gastos en municipio distinto del lugar de trabajo habitual del trabajador y del que constituya su residencia. Estos gastos de manutención y estancia no se computarán en la base de cotización cuando los mismos se hallen exceptuados de gravamen conforme a los apartados 3, 4, 5 y 6 del artículo 8 del Reglamento del Impuesto sobre la Renta de las Personas Físicas, aprobado por el Real Decreto 214/1999, de 5 de febrero. El exceso sobre los límites señalados en los apartados citados se computará en la base de cotización a la Seguridad Social».

Los gastos de locomoción resarcen al trabajador los gastos que por dicho concepto efectúe en los desplazamientos provisionales o temporales a un lugar distinto de donde habitualmente realiza su actividad laboral y por orden de la empresa.

Se puede satisfacer el importe de estos o en el que caso de que el trabajador se desplace con su propio vehículo, abonar un precio por kilómetro. Su cuantía se establecerá, en este caso, en el convenio colectivo o pacto entre trabajador y empresario.

Por gastos de locomoción, a efectos de lo previsto en los arts. 9.A.2 b) y 9.B.1 a) del RIRPF, se excluirá de gravamen:

- Cuando se utilicen medios de transporte público, el importe del gasto que se justifique mediante factura o documento equivalente.

- La cantidad que resulte de computar 0,19 euros por kilómetro recorrido, más los gastos de peaje y aparcamiento que se justifiquen.

A TENER EN CUENTA. A pesar de que el artículo 9 del RIRPF exceptúa de gravamen 0,19 euros por kilómetro, la Orden HFP/792/2023, de 12 de julio, por la que se revisa la cuantía de las dietas y asignaciones para gastos de locomoción en el Impuesto sobre la Renta de las Personas Físicas (en vigor desde el 17 de julio de 2023) establece que, a estos efectos, se excluirá la cantidad que resulte de multiplicar 0,26 euros por el número de kilómetros recorridos, siempre que se justifique la realidad del desplazamiento, más los gastos de peaje y aparcamiento que se justifiquen.

CUESTIÓN

¿Cuál es la diferencia entre plus de transporte, plus de distancia, gastos de locomoción y gastos de desplazamiento?

El plus de transporte o distancia es un concepto compensatorio que se recoge en convenio colectivo cuya finalidad es la de compensar al trabajador por ir al trabajo. Está sujeto a cotización.

Por gastos de locomoción o desplazamiento entendemos todas aquellas cuantías que son retribuidas a los trabajadores siempre que sean derivadas de algún desplazamiento o traslado o cuando se vaya a desarrollar la actividad fuera del centro de trabajo. No se incluyen en la base de cotización la cantidad exenta de gravamen en el IRPF.

2.3. Salario Mínimo Interprofesional (SMI)

El salario mínimo podría definirse como la cantidad mínima que todo trabajador por cuenta ajena tiene derecho a percibir —incluidos los trabajadores fijos, eventuales o temporeros, así como para los empleados de hogar— (STS n.º 499/2021, de 6 de julio de 2021, ECLI:ES:TS:2021:2708). La Directiva (UE) 2022/2041 del Parlamento Europeo y del Consejo, de 19 de octubre de 2022, sobre unos salarios mínimos adecuados en la Unión Europea, ha profundizado en la conceptualización del salario mínimo aportando dos nuevas definiciones:

«1) "salario mínimo": la remuneración mínima establecida por ley o por convenios colectivos que un empleador, también del sector público, está obligado a pagar a los trabajadores por el trabajo realizado durante un período determinado;

2) "salario mínimo legal": el salario mínimo establecido por ley u otras disposiciones legales vinculantes, a excepción de los salarios mínimos fijados mediante convenios colectivos que se hayan declarado universalmente aplicables sin ningún margen de discrecionalidad por parte de la autoridad que los declara respecto del contenido de las disposiciones aplicables».

En ejecución de la potestad que le otorga el apdo. 1 del artículo 27 del ET, precepto que permanece inalterado en su contenido y numeración desde el primer texto de ET (Ley 8/1980, de 10 de marzo), el Gobierno fijará, previa consulta con las organizaciones sindicales y asociaciones empresariales más representativas, anualmente, el salario mínimo interprofesional, teniendo en cuenta el IPC, la productividad media nacional alcanzada, el incremento de la participación del trabajo en la renta nacional y la coyuntura económica general.

El SMI es la retribución mínima bruta, razón por la que el art. 27.1 del Estatuto de los Trabajadores establece que su revisión «(...) no afectará a la estructura ni a la cuantía de los salarios profesionales cuando estos, en su conjunto y cómputo anual, fueran superiores a aquel». Del mismo modo, el salario mínimo interprofesional, en su cuantía (tanto anual como mensual), es inembargable (art. 27.2 del ET).

Los distintos decretos que fijan el salario mínimo interprofesional establecen que para el cálculo del salario mínimo interprofesional se incluyen, respetando lo establecido en los convenios colectivos y contratos de trabajo, los complementos salariales (art. 26.3 del ET), así como el importe correspondiente al incremento garantizado sobre el salario a tiempo en la remuneración a prima o con incentivo a la producción.

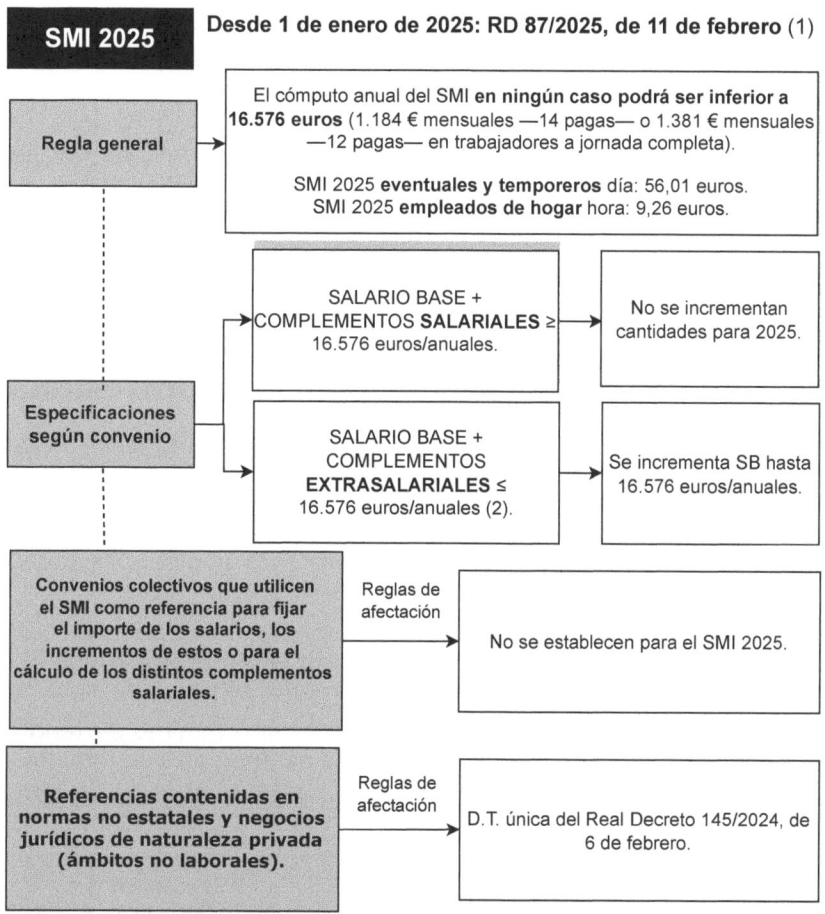

SMI 2025 — **Desde 1 de enero de 2025: RD 87/2025, de 11 de febrero** (1)

Regla general

El cómputo anual del SMI **en ningún caso podrá ser inferior a 16.576 euros** (1.184 € mensuales —14 pagas— o 1.381 € mensuales —12 pagas— en trabajadores a jornada completa).

SMI 2025 **eventuales y temporeros** día: 56,01 euros.
SMI 2025 **empleados de hogar** hora: 9,26 euros.

Especificaciones según convenio

SALARIO BASE + COMPLEMENTOS **SALARIALES** ≥ 16.576 euros/anuales. → No se incrementan cantidades para 2025.

SALARIO BASE + COMPLEMENTOS **EXTRASALARIALES** ≤ 16.576 euros/anuales (2). → Se incrementa SB hasta 16.576 euros/anuales.

Convenios colectivos que utilicen el SMI como referencia para fijar el importe de los salarios, los incrementos de estos o para el cálculo de los distintos complementos salariales. — Reglas de afectación → No se establecen para el SMI 2025.

Referencias contenidas en normas no estatales y negocios jurídicos de naturaleza privada (ámbitos no laborales). — Reglas de afectación → D.T. única del Real Decreto 145/2024, de 6 de febrero.

(1) Hasta la aprobación del SMI 2025 (con efectos de 01/01/2025) se prorrogó la vigencia del Real Decreto 145/2024, de 6 de febrero, por el que se fija el salario mínimo interprofesional para 2024 en la forma indicada en el **art. 87 del RD-ley 9/2024, de 23 de diciembre**. Las cantidades del SMI 2025 se aplicarán con carácter retroactivo desde el 1 de enero de 2025.

(2) Por norma general, el incremento del SMI es absorbido y, por lo tanto, no acrece por el salario superior que percibiera ya una persona trabajadora en base a lo previsto en el convenio o pacto regulador de sus condiciones de trabajo. No obstante, el salario base se incrementará, a pesar de recibir una cuantía superior total por convenio, cuando se alcancen las cantidades garantizadas mediante complementos de naturaleza no salarial como: pluses de distancia y transporte, plus de vestuario, dietas por alojamiento y manutención, plus de nocturnidad, pluses de penosidad y toxicidad, incremento salarial por ascenso, etc. La STS n.º 74/2022, de 26 de enero de 2022, en defecto de regulación colectiva indicando lo contrario, ha validado que las empresas podrán absorber complementos salariales de antigüedad para amortizar la subida del SMI.

CUESTIÓN

En los meses en los que se percibe la paga extra, ¿cómo se computa la inembargabilidad del salario mínimo interprofesional?

Los salarios y pensiones son inembargables si no superan el SMI anual. Debemos aplicar el criterio de la STS n.º 1340/2022, de 20 de octubre, ECLI:ES:TS:2022:4017:

«(...) en las nóminas mensuales ordinarias la cuantía inembargable es el importe del SMI mensual, aplicando los porcentajes del art. 607 LEC sobre la parte que exceda de dicha suma.

*(...) en las pagas extraordinarias de junio y diciembre no cabe seguir la misma regla, toda vez que la inembargabilidad se sitúa en el doble del Salario Mínimo Interprofesional y a partir de tal cálculo, se aplican los porcentajes del artículo 607 LEC sobre la parte del salario que en ese mes de paga extra exceda del **doble del salario mínimo interprofesional**».*

2.3.1. Cuantía del salario mínimo interprofesional

El salario mínimo para cualquier actividad en la agricultura, en la industria y en los servicios, sin distinción de sexo ni edad de los trabajadores, queda fijado en **39,47 euros/día o 1.184 euros/mes** (14 pagas), según el salario esté fijado por días o por meses, sin que el salario en especie pueda, en ningún caso, dar lugar a la minoración de la cuantía íntegra en dinero de aquel (Real Decreto 87/2025, de 11 de febrero).

Este salario se entiende referido a la jornada legal de trabajo en cada actividad, sin incluir en el caso del salario diario la parte proporcional de los domingos y festivos. Si se realizara jornada inferior se percibirá a prorrata.

Para la aplicación en cómputo anual del salario mínimo se tendrán en cuenta las reglas sobre compensación que se establecen a continuación.

Desde el 1 de enero de 2025 las cantidades del SMI para el año 2025 son:

Periodo	Día	14 pagas	12 pagas	Anual	Personas trabajadoras eventuales y temporeras	Empleados de hogar
Cantidades SMI 2025	39,47 euros	1.184 euros	1.381 euros	16.576 euros	56,08 (por jornada legal en la actividad)	9,26 (por hora efectivamente trabajada)

A TENER EN CUENTA. Las cuantías definitivas para el SMI 2025 entraron en vigor el día siguiente al de su publicación en el «Boletín Oficial del Estado» y surten efectos durante el período comprendido entre el 1 de enero y el 31 de diciembre de 2025, procediendo, en consecuencia, el abono del salario mínimo en el mismo establecido con efectos desde el 1 de enero de 2025.

2.3.2. Reglas generales para el cómputo del SMI

Teniendo en cuenta las cantidades vigentes en cada momento, la subida de los salarios deberá ser automática para aquellas personas trabajadoras que perciban cantidades inferiores a los **16.576 euros brutos al año** por una jornada completa. Es decir, el incremento del SMI, al igual que otros fijados por convenio colectivo, no repercuten o modifican el salario realmente percibido por la persona trabajadora, salvo que, en conjunto y en cómputo anual, resulte inferior (art. 27.1 del ET).

Para saber si un convenio alcanza las cantidades obligadas por el salario mínimo citado se le sumará al salario base, en su caso, según indique el convenio o contrato de trabajo, los complementos salariales (art. 26.3 del Estatuto de los Trabajadores). La revisión del SMI no afectará a la estructura o cuantía de los salarios que superen **16.576 euros anuales** (art. 3 del Real Decreto 87/2025, de 11 de febrero).

El salario mínimo se computa únicamente la retribución en dinero, sin que el salario en especie pueda, en ningún caso, dar lugar a la minoración de la cuantía íntegra en dinero de aquel.

El salario mínimo se entiende referido a la jornada legal de trabajo en cada actividad, **sin incluir en el caso del salario diario la parte proporcional de los domingos y festivos.**

Si se realizara jornada inferior se percibirá la prorrata proporcional.

A efectos de aplicar el último párrafo del artículo 27.1 del Estatuto de los Trabajadores, en cuanto a compensación y absorción en cómputo anual por los salarios profesionales del incremento del salario mínimo, se procederá de la forma siguiente (Real Decreto 87/2025, de 11 de febrero):

- El salario mínimo en cómputo anual que se tomará como término de comparación será el resultado de adicionar al salario mínimo fijado los complementos salariales (art. 26.3 del ET), sin que en ningún caso pueda considerarse una cuantía anual inferior a 16.576 euros.

- Estas percepciones son compensables con los ingresos que por todos los conceptos viniesen percibiendo las personas trabajadoras en cómputo anual y jornada completa con arreglo a normas legales o convencionales, laudos arbitrales y contratos individuales de trabajo en vigor en la fecha de promulgación del Real Decreto 87/2025, de 11 de febrero.

- Las normas legales o convencionales y los laudos arbitrales que se encuentren en vigor en la fecha de promulgación del Real Decreto 87/2025, de 11 de febrero, subsistirán en sus propios términos, sin más modificación que la que fuese necesaria para asegurar la percepción de las cantidades garantizadas en cómputo anual, debiendo, en consecuencia, ser incrementados los salarios profesionales inferiores al indicado total anual en la cuantía necesaria para equipararse a este.

2.3.3. No afectación de la nueva cuantía del salario mínimo interprofesional

El SMI no será de aplicación:

- A las normas vigentes a la fecha de su entrada en vigor de las comunidades autónomas, de las ciudades de Ceuta y Melilla y de las entidades que integran la Administración local que utilicen el salario mínimo interprofesional como indicador o referencia del nivel de renta para determinar la cuantía de determinadas prestaciones o para acceder a determinadas prestaciones, beneficios o servicios públicos, salvo disposición expresa en contrario de las propias comunidades autónomas, de las ciudades de Ceuta y Melilla o de las entidades que integran la Administración local.

- A cualesquier contrato o pacto de naturaleza privada vigente a la fecha de entrada en vigor del mencionado real decreto que utilice el salario mínimo interprofesional como referencia a cualquier efecto, salvo que las partes acuerden la aplicación de las nuevas cuantías del salario mínimo interprofesional.

JURISPRUDENCIA

STS n.º 74/2022, de 26 de enero de 2022, ECLI:ES:TS:2022:292

Para el TS, «la revisión del salario mínimo interprofesional no afectará a la estructura ni a la cuantía de los salarios profesionales cuando estos, en su conjunto y cómputo anual, fueran superiores a aquel». «Solo cabe bloquear la compensación y absorción por heterogeneidad de los conceptos salariales, cuando se haya convenido así en el convenio colectivo».

SAN n.º 89/2023, de 10 de julio del 2023, ECLI:ES:AN:2023:3951

La AN analiza la incidencia del plus transporte y vestuario extrasalarial sobre la actualización del salario mínimo. En el caso concreto la AN aclara que los conceptos plus transporte y vestuario, regulados de forma específica en el art. 29 del V Convenio Colectivo Sectorial Estatal de Servicios Externos Auxiliares y Atención al Cliente en Empresas de Servicios Ferroviarios, no tienen la consideración de salario, sino de percepciones extrasalariales. Por lo tanto, el salario anual percibido no debe incluir dichos conceptos para la aplicación de la actualización salarial prevista en el RD 99/2023, de 14 de febrero, por el que se fija el SMI para el año 2023.

CUESTIONES

1. ¿Cómo saber si el SMI puede ser compensado con pluses de naturaleza salarial o extrasalarial?

Dos recientes sentencias merecen nuestra atención:

1. SAN n.º 20/2020, de 18 de febrero 2020, ECLI:ES:AN:2020:18, en caso de que la **naturaleza real** de los pluses de transporte y vestuario sea **salarial**, es posible su compensación a la hora de ajustar los salarios al importe del SMI vigente.

2. STS n.º 74/2022, de 26 de enero de 2022, ECLI:ES:TS:2022:292, en defecto de regulación colectiva indicando lo contrario, las empresas podrán absorber **complementos salariales** de antigüedad para amortiguar la subida del SMI.

2. Entonces... ¿cuándo estas cantidades forman parte o no de las percepciones a computar para alcanzar las cantidades del SMI?

Podemos fijar una serie de reglas atendiendo a distintos pronunciamientos de las salas de lo social:

a) El art. 26.2 del ET no considera salario las percepciones extrasalariales, y el 26.3 del ET deriva la estructura salarial a la negociación colectiva o, en su defecto, a la individual, con lo que sistemáticamente se avala el pacto alcanzado por los interlocutores sociales en el sentido de que complementos o pluses tienen carácter extrasalarial, conforme a la voluntad al respecto de las partes negociadoras del convenio.

b) Ha de seguirse la interpretación literal del convenio. El criterio del artículo 1281 del CC, en su primer párrafo, «si los términos de un contrato son claros y no dejan duda sobre la intención de los contratantes, se estará al sentido literal de sus cláusulas» resultará aplicable. Es decir, si el concepto analizado no puede ser llamado salario con arreglo a las previsiones del convenio de aplicación, mal puede aplicarse al mismo los criterios de la compensación y absorción. (SAN, rec. 18/2009, de 5 de mayo de 2009, ECLI:ES:AN:2009:2043, y STS rec. 1065/2012, de 17 de enero de 2013, ECLI:ES:TS:2013:1485, entre otras).

c) Ha de tenerse en cuenta «la realidad efectiva de la remuneración y no la apariencia de la misma» (STS, rec. 70/2009, de 16 de abril de 2010, ECLI:ES:TS:2010:2489, y STS, rec. 1346/2011, de 25 de noviembre de 2011, ECLI:ES:TS:2011:8606). Si bajo la denominación de plus de transporte [o de vestuario] se disimula una verdadera retribución salarial en contraprestación del trabajo realizado ha de estarse a la naturaleza real de los pluses según que remunera o no de forma efectiva el gasto. Para ello la SAN n.º 20/2020, de 18 de febrero 2020, ECLI:ES:AN:2020:18, citada entiende la naturaleza de los pluses de transporte y vestuario como salarial, y no extrasalarial, en base a las siguientes circunstancias:

» Se abonarán en los doce meses del año, en cuantía lineal y para todas las personas trabajadoras, al margen de que exista o no la situación de gasto a la que, en teoría, responden. Se abonan incluso a quienes la empresa atiende el gasto por otra vía o en situaciones en las que el gasto no se genera de ningún modo. Un plus, a pesar de constar como extrasalarial por convenio, podrá ser compensado en caso de tratarse de: un devengo fijo, periódico, lineal e idéntico a un concepto salarial (STSJ de las Comunidad Valencia n.º 42/2000, de 13 de enero, ECLI:ES:TSJCV:2000:113), cuando no financie gasto alguno (SAN n.º 95/2018, de 6 de junio, ECLI:ES:AN:2018:2480) o, cuando conste que la empresa atiende por otro mecanismo al abono del suplido. (STSJ de Cataluña, rec. 3399/2011, de 22 de febrero de 2012, ECLI:ES:TSJCAT:2012:2390).

» Las cantidades abonadas por ese concepto se integran con normalidad en el salario regulador de indemnizaciones por despido. De tener naturaleza no salarial, deberían quedar excluidos (STSJ de Comunidad Valenciana n.º 321/2017, de 7 de febrero, ECLI:ES:TSJCV:2017:1708), y el que no lo estén, apunta a su consideración como salario. (SAN n.º 95/2018, de 6 de junio, ECLI:ES:AN:2018:2480).

» También cabe deducir esta consideración por parte de los representantes de los trabajadores, cuando admiten con naturalidad que la retribución anual de los trabajadores comprenda estos pluses (especificación en tabla del convenio o acuerdos laborales).

3.
¿QUÉ ES Y POR QUÉ SE PRODUCE UN EMBARGO DE NÓMINA?

Un embargo de nómina es una **medida legal que permite a un organismo acreedor retener una parte del salario de un trabajador para satisfacer una deuda**. Este procedimiento se produce cuando el trabajador incurre en una deuda con la administración o como consecuencia de un procedimiento judicial. En tal caso, el organismo acreedor solicita a la empresa en la que el trabajador presta servicios que realice la retención correspondiente en su salario, previa notificación al trabajador afectado.

Es importante destacar que el salario mínimo interprofesional (SMI) es inembargable, según lo dispuesto en el artículo 27.2 del Estatuto de los Trabajadores y el artículo 607 de la Ley de Enjuiciamiento Civil. Solo las cantidades que excedan el SMI pueden ser objeto de embargo, aplicándose una escala progresiva establecida en el artículo 607.2 de la LEC.

Además, existen excepciones en casos específicos, como cuando el embargo tiene por objeto hacer efectivas prestaciones alimenticias a favor de los hijos o cónyuge del deudor. En estos casos, el juez puede autorizar el embargo incluso sobre salarios que no superen el SMI.

CUESTIÓN

¿Qué diferencia existe entre el embargo judicial y el embargo administrativo?

La diferencia principal entre el embargo judicial y el embargo administrativo radica en el ámbito de aplicación y en la autoridad que los decreta:

- **Embargo judicial:** es un acto procesal **dictado por un órgano judicial en el marco de un procedimiento judicial**. Su finalidad es garantizar el cumplimiento de una resolución judicial, afectando bienes del ejecutado para satisfacer la deuda del acreedor. Este tipo de embargo está regulado principalmente en la Ley de Enjuiciamiento Civil (LEC), en los artículos 584 a 633. El embargo judicial tiene carácter ejecutivo y puede recaer únicamente sobre bienes y derechos con valor económico.

- **Embargo administrativo:** es una medida adoptada por una autoridad administrativa, generalmente Hacienda, Seguridad Social, ayuntamientos o diputaciones provinciales, para garantizar el cobro de deudas tributarias o sanciones administrativas. Este tipo de embargo se realiza **sin intervención judicial y está regulado por normas específicas del derecho administrativo.**

Un embargo de nómina puede tener **diversos motivos**. Dependiendo del tipo de deuda, el embargo puede ser ordenado por un juez, en el caso de deudas civiles o mercantiles (préstamos impagados, indemnizaciones o pensiones alimenticias) o por la Administración Pública (deudas tributarias, multas de tráfico o impagos a la Seguridad Social). Analizamos las principales deudas que producen embargos de salario:

3.1. Deudas civiles: obligaciones legales no cumplidas

El procedimiento de ejecución por impago de un préstamo permite al acreedor solicitar el embargo de bienes del deudor, incluyendo su salario, pero siempre respetando los límites establecidos en el artículo 607 de la LEC. Estos límites buscan garantizar un equilibrio entre el derecho del acreedor a cobrar la deuda y la protección del mínimo vital del deudor.

Procedimiento: sentencia judicial → notificación a la empresa → aplicación del art. 607 de la LEC.

Dentro de las deudas susceptibles de embargo de salario de este tipo, encontramos diversos ejemplos, como el impago de préstamos y tarjetas de crédito, deudas derivadas de responsabilidad civil u obligaciones no cumplidas asociadas a pensiones alimenticias.

La obligación alimenticia respecto de los hijos

La obligación alimenticia respecto de los hijos tiene su fundamento legal en el artículo 39.3 de la Constitución Española y en varios artículos del Código Civil (artículos 110, 143.2, 154.1, 93 y 142, entre otros). Dicha obligación supone un deber ineludible de los progenitores de asegurar el sustento, la educación, la vivienda, el vestido y la asistencia médica de los hijos, y prevalece incluso cuando los padres no ostenten la patria potestad.

Procedimiento: sentencia judicial → notificación a la empresa → tramos embargabilidad diferentes (el tribunal fijará la cantidad que puede ser embargada) y prioritarios sobre otros embargos.

En caso de **incumplimiento de esta obligación alimenticia**, la normativa procesal prevé medidas coercitivas para asegurar el pago de la pensión alimenticia establecida en resolución judicial. Entre estas medidas destaca el embargo de salarios, sueldos y otras rentas del progenitor obligado al pago, para satisfacer la cuantía fijada como alimentos a favor de los hijos.

La razón por la que se admite el embargo de salarios se fundamenta en el carácter de primera necesidad y de orden público de la obligación alimenticia, lo que otorga preferencia al derecho de los hijos a percibir los alimentos frente a otras obligaciones de carácter patrimonial del progenitor. Además, la especial protección del derecho de alimentos implica también que, en la práctica judicial, se permita retirar cantidades de los ingresos del obligado, incluso por encima de los límites ordinarios del embargo de sueldos regulados en la Ley de Enjuiciamiento Civil, siempre salvaguardando el mínimo vital del alimentante.

En conclusión, si el progenitor obligado al pago de alimentos no cumple voluntariamente, el acreedor alimentista (habitualmente, el otro progenitor en representación del hijo) puede solicitar al juzgado la ejecución de la resolución judicial de alimentos. Ante tal petición, el juzgado podrá ordenar el embargo de nómina, salario, pensión, prestaciones o cualquier ingreso regular del alimentante, hasta cubrir la cantidad debida en concepto de alimentos, dando cumplimiento así al interés superior del menor y al deber legalmente impuesto a los progenitores.

Cuando la deuda se debe al impago de la pensión de alimentos no se aplica el límite del SMI. En estos casos, es el tribunal quien tiene que decidir la cantidad a embargar (artículo 608 de la LEC).

CUESTIONES

1. ¿Qué se entiende por alimentos?

Por alimentos se entiende todo lo necesario para el sustento, habitación, vestido y asistencia médica. Además, los alimentos comprenden la educación e instrucción del alimentista mientras sea menor de edad y aun después cuando no haya terminado su formación por causa que no le sea imputable (artículo 142 del Código Civil).

2. En el caso de que los progenitores sean insolventes, ¿están obligados los abuelos a prestar alimentos a sus nietos?

Sí, los abuelos tienen la obligación de afrontar los gastos que generen sus nietos ante la insolvencia de los progenitores, de acuerdo con lo establecido en el artículo 142 del CC y atendiendo al principio de proporcionalidad contemplado en los artículos 145 y 146 del CC. En ese sentido se pronuncia la sentencia del Tribunal Supremo n.º 120/2016, de 2 de marzo, ECLI:ES:TS:2016:769.

|| 1. La obligación alimenticia respecto de los hijos menores de edad

Cabe advertir, en primer lugar, que la obligación de alimentos tiene un tratamiento jurídico diferente según sean los hijos mayores o menores de edad.

El **artículo 154 del CC** dispone que los hijos e hijas no emancipados están bajo la patria potestad de los progenitores.

La patria potestad, como responsabilidad parental, se ejercerá siempre en interés de los hijos e hijas de acuerdo con su personalidad y con respecto a sus derechos, su integridad física y mental.

Asimismo, el meritado artículo contempla los deberes comprendidos en la función de patria potestad que son:

1.º Velar por los hijos e hijas, tenerlos en su compañía, alimentarlos, educarlos y procurarles una formación integral.
2.º **Representarlos y administrar sus bienes**.
3.º **Decidir el lugar de residencia habitual de la persona menor de edad**, que solo podrá ser modificado con el consentimiento de ambos progenitores o, en su defecto, por autorización judicial.

> **A TENER EN CUENTA**. El deber de decidir el lugar de residencia habitual por los progenitores de la persona menor de edad se añade por la disposición final segunda de la Ley Orgánica 8/2021, de 4 de junio, de protección integral a la infancia y la adolescencia frente a la violencia que entró en vigor el 25 de junio de 2021.

En palabras del Tribunal Supremo, **la patria potestad es,** en el derecho moderno y concretamente en el derecho positivo, **una función al servicio de los hijos que entraña fundamentalmente deberes a cargo de los padres, encaminados a prestarles asistencia de todo orden**, como proclama el artículo 39, en sus apartados 2 y 3, de la Constitución Española (**sentencia Tribunal Supremo n.º 415/2000, de 24 de abril, ECLI:ES:TS:2000:3419**).

Si bien, el **artículo 110 del CC** establece que **ambos progenitores, aunque no ostenten la patria potestad, están obligados** a velar por los hijos menores y **a prestarles alimentos**.

> **A TENER EN CUENTA**. El art. 110 del Código Civil ha sido modificado por la Ley 4/2023, de 28 de febrero, para la igualdad real y efectiva de las personas trans y para la garantía de los derechos de las personas LGTBI, en vigor desde el 02/03/2023.

Por consiguiente, debemos partir de la base de que cuando los hijos sean menores de edad, más que una obligación propiamente alimenticia, lo que existe **son deberes ineludibles, inherentes a la filiación**, que resultan incondicionales, con independencia de la mayor o menor dificultad que se tenga para darle cumplimiento o del grado de reprochabilidad en su falta de atención, así lo argumenta el Tribunal Supremo en su **sentencia n.º 55/2015, de 12 de febrero, ECLI:ES:TS:2015:439**.

Además, **los progenitores por imperativo constitucional tienen la obligación**, como ya hemos señalado, **de prestar asistencia de todo orden a los hijos, asistencia que incluye la contribución a los alimentos, con independencia de que estos hayan sido concebidos fuera o dentro del matrimonio**, de que se haya producido la nulidad matrimonial, la separación legal o disolución del matrimonio por divorcio, o que los progenitores hayan sido privados de la patria potestad de los hijos/as.

Finalmente, cabe advertir que, pese a que para entender lo que engloba el concepto de alimentos nos remitimos al artículo 142 del CC, referente a los alimentos entre parientes, estos se determinan en función de lo que los parientes necesiten estrictamente para subsistir, sin embargo, **los alimentos de los hijos menores de edad deben acomodarse a las circunstancias económicas y necesidades de los hijos en cada momento**, hasta el punto de financiar no solo los gastos ordinarios de su mantenimiento sino también los de carácter extraordinario, tales como las actividades extraescolares, por ejemplo.

2. La obligación alimenticia respecto de hijos mayores de edad o emancipados

De acuerdo con el párrafo segundo del **artículo 93 del CC:**

> **«Si convivieran en el domicilio familiar hijos mayores de edad o emancipados que carecieran de ingresos propios**, el Juez, en la misma resolución, fijará los alimentos que sean debidos conforme a los artículos 142 y siguientes de este Código».

Por su parte, el **artículo 142 del CC** dispone que:

> «Los alimentos comprenden también la educación e instrucción del alimentista mientras sea menor de edad y aun después cuando no haya terminado su formación por causa que no le sea imputable».

Del meritado artículo se desprende que **la obligación de costear los estudios de los hijos recibe un tratamiento diferente al resto de necesidades de los hijos mayores de edad**, ya que, tal obligación está condicionada al buen aprovechamiento de los estudios por parte de estos.

CUESTIÓN

¿Qué duración tendrá el derecho de alimentos de los hijos?

El derecho de alimentos de los hijos durará mientras se mantenga la situación de necesidad o no haya terminado la formación del hijo por alguna causa que no le sea imputable al mismo (**sentencia del Tribunal Supremo n.º 411/2000, de 24 de abril, ECLI:ES:TS:2000:3422**).

Si bien, en el Decreto Legislativo 1/2011, de 22 de marzo, del Gobierno de Aragón, por el que se aprueba, con el título de «Código del Derecho Foral de Aragón», el Texto Refundido de las Leyes civiles aragonesas, en su artículo 69 establece el límite de veintiséis años para el deber de alimentos sobre los hijos mayores de edad o emancipados, con la excepción de que convencional o judicialmente, se hubiera fijado una edad distinta, sin perjuicio del derecho del hijo/a a reclamar alimentos.

Asimismo, la **Audiencia Provincial de Soria, en su sentencia n.º 27/2010, de 3 de marzo, ECLI:ES:APSO:2010:43**, señala que al igual que se ha hecho con las pensiones compensatorias, resulta conveniente establecer para los alimentos de los hijos mayores de edad una limitación temporal, en un intento de congeniar el favor progenitoris con el favor filii, la audiencia provincial hace referencia a la **sentencia de la Audiencia Provincial de Palencia n.º 81/1998, de 24 de marzo, ECLI:ES:APP:1998:174**, que reza, «que es un hecho socialmente admitido que las personas de edad de 26 años suelen haber terminado sus estudios y están en condiciones de acceder al mercado de trabajo, por lo que no parece oportuno que más allá de esa edad se mantengan estas pensiones como si de una carga familiar se tratara».

Asimismo, **no hay ningún precepto que establezca un límite de edad para que desaparezca la obligación de prestar alimentos**, sino que habrá que atender al caso concreto, ya que cada caso puede tener singularidades.

Si bien, nuestra jurisprudencia ha venido atendiendo a la pasividad del hijo o de la hija para conseguir ingresos a la hora de determinar o no la obligación de prestar alimentos a los hijos mayores de edad. En este sentido, la **sentencia del Tribunal Supremo n.° 603/2015, de 28 de octubre: ECLI:ES:TS:2015:4439**, dispuso:

> «Esta Sala debe declarar, que quedó constatado en las instancias, que **el hijo mayor de edad ha accedido al mercado laboral de forma intermitente desde 2007, que tiene una vivienda en propiedad, que ha abandonado su formación reglada y que no se ha probado la reiniciación de su vida académica, lo que denota pasividad** que no puede repercutir negativamente en su padre, por lo que debe estimarse el motivo y dejar sin efecto la pensión alimenticia al infringirse la doctrina jurisprudencial de esta Sala».

Otra sentencia interesante es la de la **Audiencia Provincial de Girona n.° 249/2015, de 6 de noviembre, ECLI:ES:APGI:2015:1049**, en la que se analiza la conducta del hijo mayor de edad que ha abandonado sus estudios y además no se implica en la búsqueda de empleo, por lo que, en este caso, la audiencia entiende que «**no puede pretenderse que se sigan prestando alimentos al hijo mayor de edad por razón de sus estudios, pues si no los ha finalizado es a él imputable**».

Como ya hemos adelantado, la obligación de alimentos tiene un tratamiento jurídico diferente según sean los hijos mayores o menores de edad. En el caso de los **menores de edad, los alimentos se prestan conforme a las circunstancias y necesidades económicas de los hijos en cada momento**, y en el caso de **los hijos mayores de edad, los alimentos son proporcionales al caudal de quien los da y las necesidades de quien los recibe (artículo 146 del CC), y se reducen a los alimentos que sean indispensables** para el sustento, habitación, vestido y asistencia médica, conforme al ya citado artículo 142 del CC (**sentencia del Tribunal Supremo n.° 661/2015, de 2 de diciembre, ECLI:ES:TS:2015:4925**).

3.2. Deudas tributarias. Breve referencia teórica al procedimiento de apremio en el ámbito tributario

En este punto nos centraremos en la deuda tributaria como aquella que surge de los impuestos no pagados a la Agencia Tributaria. Es decir, un determinado **hecho imponible origina** la necesidad de pago de una determinada cantidad de dinero a favor de la Hacienda Pública y se configura la denominada **obligación tributaria principal**.

Procedimiento: Orden de embargo de la Agencia Tributaria → notificación a la empresa → aplicación del art. 607 de la LEC y Ley General Tributaria.

Esa obligación principal puede incrementarse en función de su cumplimiento o incumplimiento. El artículo 58 de la Ley General Tributaria establece qué conceptos se incluyen en la definición de deuda tributaria; así, además de la cantidad que resulta como obligación tributaria principal, la deuda tributaria también comprende:

- Los **intereses de demora** (artículo 26 de la LGT).

- Los **recargos por declaración extemporánea**.

- Los **recargos del período ejecutivo** (artículo 28 de la LGT).

- Exigencia de las **costas del procedimiento de apremio**.

- Los recargos exigibles legalmente sobre las bases o las cuotas, a favor del Tesoro o de otros entes públicos [a favor de determinadas CCAA sobre impuestos estatales (artículo 4.1 d) de la LOFCA) o sobre impuestos autonómicos a favor de las Corporaciones Locales].

La deuda tributaria se origina bien por la presentación de una declaración o una **autoliquidación** por parte del obligado tributario, que liquida el impuesto originado por un hecho imponible, o bien por la **liquidación** emitida por la propia Administración en base a los datos que posee o que han sido facilitados por el obligado o por terceros.

Sucintamente podríamos decir que el pago de una deuda tributaria podrá hacerse en el **periodo voluntario o en periodo ejecutivo** (artículo 160.2 de la LGT).

- En el **periodo voluntario el pago** de produce dentro del plazo voluntario de presentación del impuesto (hay unos plazos establecidos para cada modelo).

- En el **periodo ejecutivo el pago** de produce una vez finalizado el plazo voluntario de presentación. Sería un pago fuera del plazo que podría darse mediante el pago o cumplimiento espontáneo del obligado tributario o, en su defecto, a través del procedimiento administrativo de apremio.

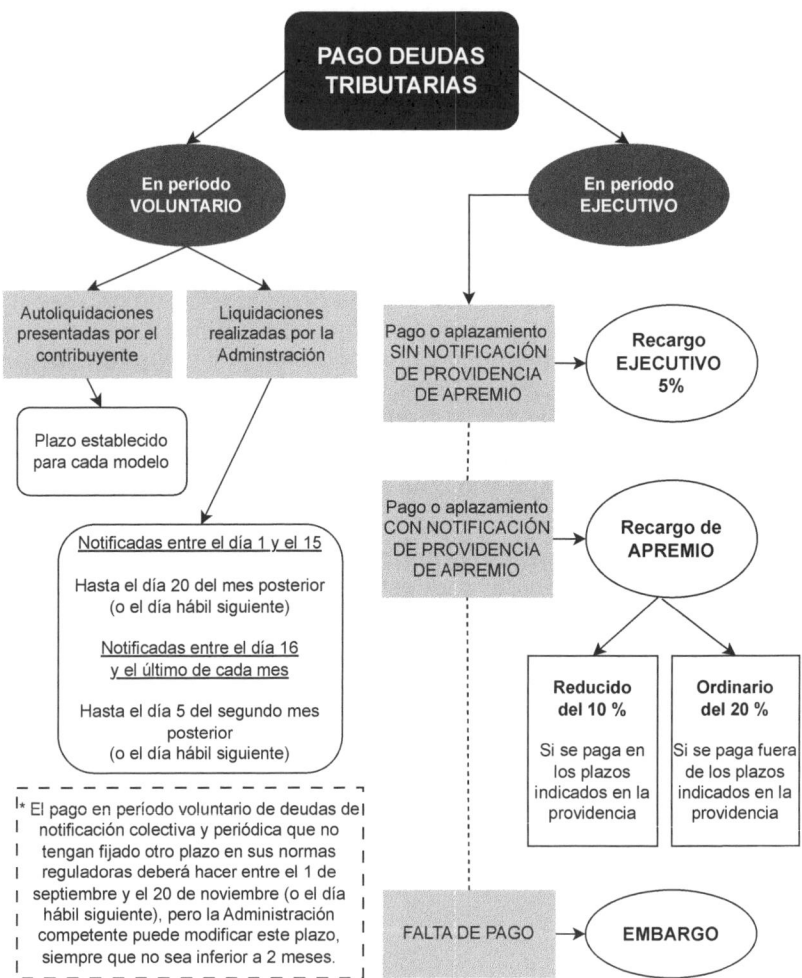

El período ejecutivo se inicia automáticamente una vez finalice el plazo establecido para el pago del tributo en período voluntario. Este inicio produce importantes efectos jurídicos (artículo 161.4 de la LGT) pero el más relevante es que permite a la Administración tributaria iniciar el procedimiento de apremio (arts. 163 a 173 de la LGT).

La Administración, por tanto, puede **embargar** los bienes y derechos del contribuyente en cantidad suficiente para saldar una deuda. El embargo se dirige en primer lugar a los bienes y derechos que presenten mayor facilidad para hacerse líquidos. Los bienes susceptibles de enajenación saldrán a subasta pública. El deudor puede detener la ejecución del embargo pagando las deudas más las costas del procedimiento de apremio.

‖ Procedimiento de apremio en el ámbito tributario

El procedimiento de apremio es exclusivamente administrativo. Se iniciará e impulsará de oficio en todos sus trámites. La competencia para entender del mismo y resolver todas sus incidencias corresponde únicamente a la Administración tributaria.

El privilegio de autotutela de la Administración le lleva a poder ejecutar por sí las propias resoluciones, y por ello la Administración tributaria tiene la competencia para desarrollar las actuaciones necesarias conducentes a la ejecución expropiatoria de los bienes del obligado tributario con la finalidad de exacción de la deuda. Este procedimiento de apremio tiene carácter ejecutivo, por lo que la providencia de apremio será título suficiente para iniciarlo y se le reconoce la misma fuerza ejecutiva que la sentencia judicial para proceder contra los bienes y derechos de los obligados tributarios. Por esta misma razón, el obligado tributario no puede oponerse sino en virtud de motivos tasados relativos al propio título ejecutivo, como veremos.

La **providencia de apremio es el acto de la Administración que ordena la ejecución contra el patrimonio del obligado al pago** (artículo 70 del Real Decreto 939/2005, de 29 de julio por el que se aprueba el Reglamento General de Recaudación). La **providencia** se notifica al sujeto obligado mediante una comunicación que deberá contener:

- La identificación completa y domicilio del deudor.
- La identificación de la deuda: concepto, importe y periodo al que corresponde, indicando expresamente que no ha sido satisfecha una vez finalizado el plazo voluntario de ingreso.
- Liquidación del recargo del periodo ejecutivo e indicación del comienzo del devengo de los intereses de demora.
- Requerimiento para que se efectúe el pago, advirtiendo del embargo de bienes o ejecución de garantías en caso de incumplimiento.
- Fecha de emisión.

En la notificación de la providencia se indicará también el lugar de ingreso de la deuda y del recargo; la repercusión en costas del procedimiento; la posibilidad de solicitar aplazamiento y fraccionamiento de pago; condiciones para la suspensión del procedimiento y recursos posibles.

La providencia de apremio será título suficiente para iniciar el procedimiento de apremio y tendrá la misma fuerza ejecutiva que la sentencia judicial para proceder contra los bienes y derechos de los obligados tributarios.

Como iremos viendo a continuación, si el sujeto obligado no efectúa el pago en los plazos que se le señalan en la providencia de apremio, podrá procederse al embargo de sus bienes. Si la deuda estuviese garantizada, se procederá en primer lugar a ejecutar la garantía (salvo que por proporción con la deuda o por solicitud del interesado se considere preferible el embargo). Si la garantía resultase insuficiente para cubrir la deuda, el procedimiento de apremio continuará.

El sujeto obligado **tan solo podrá oponerse a la notificación del apremio por los siguientes motivos:**

- Que la deuda ya esté pagada o haya prescrito.

- Que el procedimiento de recaudación esté en suspenso (por haber solicitado un aplazamiento o compensación, por ejemplo, cuando fue notificada la deuda en periodo voluntario).

- Que la Administración no haya notificado la liquidación o que ésta se haya anulado.

- Que exista algún error en el contenido de la providencia de apremio que impida la identificación del deudor o de la deuda apremiada.

Esto quiere decir que, una vez que la deuda se halla en periodo ejecutivo de cobro, no es posible mostrar disconformidad con la misma salvo por los motivos expuestos. Si ésta proviene de una liquidación practicada por la administración ya no podremos oponernos a ella, ni alegar ni presentar justificante alguno para anularla o rebajarla.

Conviene advertir aquí la interpretación que del alcance de esta oposición hace nuestra jurisprudencia: *"Ciertamente, iniciada la actividad de ejecución en virtud de título adecuado, no puedan trasladarse a dicha fase las cuestiones que se debieron solventar en la fase declarativa, por lo que el administrado no puede oponer frente a las correspondientes providencias de apremio motivos de nulidad afectantes a la propia liquidación practicada sino sólo los referentes al cumplimiento de las garantías inherentes al propio proceso de ejecución".* (SAN de 23 de octubre de 2013; ECLI:ES:AN:2013:4275).

Los actos de gestión recaudatoria que se dicten en el procedimiento de apremio, en principio, son inmediatamente ejecutivos y no pierden su eficacia, aunque se interponga un recurso contra los mismos; sin embargo, el procedimiento de apremio podrá suspenderse por determinadas razones:

- Por interposición de un recurso o reclamación económico-administrativa.

- Si se demuestra que se han cometido errores en el cálculo de la deuda o que ésta ya ha sido ingresada, condonada, compensada, aplazada o suspendida o que está prescrita.

- Cuando un tercero tiene un crédito contra el deudor que tuviera preferencia ante la Hacienda Pública.

- En los restantes supuestos previstos en la normativa tributaria.

Si el obligado tributario no efectuara el pago dentro del plazo al que se refiere el apartado 5 del artículo 62 de la LGT, se procederá al **embargo** de sus bienes, advirtiéndose así en la providencia de apremio.

Si la deuda estuviera garantizada (mediante aval, prenda, hipoteca, o cualquier otra garantía) el apremio recaerá sobre los bienes sujetos a la garantía. Pero si la realización del bien (por ejemplo, hipotecado o pignorado) resulta desproporcionada a la entidad de la deuda, puede trabarse embargo sobre otros bienes si garantizan suficientemente su cobro.

Con respeto siempre al **principio de proporcionalidad**, se procederá al embargo de los bienes y derechos del obligado tributario en cuantía suficiente para cubrir:

- El importe de la deuda no ingresada.
- Los intereses que se hayan devengado o se devenguen hasta la fecha del ingreso en el Tesoro.
- Los recargos del período ejecutivo.
- Las costas del procedimiento de apremio.

Cuando se trate de trabar embargo sobre bienes, la ley establece un orden en función de la **facilidad de la ejecución y la menor onerosidad de ésta para el ejecutado**, que difiere del establecido por el artículo 592 de la LEC, destacando la anteposición de los sueldos, salarios y pensiones, aunque reconociendo ya con claridad que son de aplicación las limitaciones contenidas en la LEC. En principio puede el propio obligado designar bienes sobre los que realizar la traba, alterando aquel orden, lo que se aceptará por la Administración si los bienes que señale garantizan el cobro de la deuda con la misma eficacia y prontitud que los que preferentemente deban ser trabados y no se causa con ello perjuicio a terceros.

En defecto de acuerdo, se seguirá el orden establecido en la ley y se embargarán en último lugar aquéllos para cuya traba sea necesaria la entrada en el domicilio del obligado tributario:

- Dinero efectivo o en cuentas abiertas en entidades de crédito.
- Créditos, efectos, valores y derechos realizables en el acto o a corto plazo.
- Sueldos, salarios y pensiones.
- Bienes inmuebles.
- Intereses, rentas y frutos de toda especie.
- Establecimientos mercantiles o industriales.
- Metales preciosos, piedras finas, joyería, orfebrería y antigüedades.
- Bienes muebles y semovientes.
- Créditos, efectos, valores y derechos realizables a largo plazo.

Como señalamos con anterioridad, a solicitud del obligado tributario se podrá alterar el orden de embargo si los bienes que señale garantizan el cobro de la deuda con la misma eficacia y prontitud que los que preferentemente deban ser trabados y no se causa con ello perjuicio a terceros.

La traba **no puede recaer** sobre bienes declarados absoluta o relativamente inembargables por la ley (artículo 169.5 de la LGT en relación con los artículos 605 y 606 de la LEC) so pena de nulidad (artículo 609 de la LEC). Y tampoco pueden embargarse los importes adeudados por la propia Hacienda en concepto de devoluciones tributarias, salvo que la deuda sea a favor de otra Administración Pública, pues en aquél caso lo que procedería es la compensación de la deuda.

El embargo puede ser mejorado, reducido o modificado en las condiciones establecidas en el artículo 612 de la LEC, de aplicación supletoria. Y conforme al artículo 172.4 de la LGT, en cualquier momento (antes de adjudicación de bienes) la Administración tributaria liberará los bienes embargados si el obligado extingue la deuda tributaria y las costas del procedimiento de apremio.

Cuando se promueva **tercería de mejor derecho**, esto es, cuando un tercero considere que tiene derecho a ser reintegrado de su crédito con preferencia a la Hacienda Pública, proseguirá el procedimiento hasta la realización de los bienes y el producto obtenido se consignará en depósito a resultas de la resolución de la tercería.

La ley contempla la posible medida de administración de la empresa, esto es, la sustitución de los administradores, o la más limitada de la intervención, para aquellos casos en los que se ordene el embargo de establecimiento mercantil o industrial o, en general, de los bienes y derechos integrantes de una empresa, si se aprecia que la continuidad de las personas que ejercen la dirección de la actividad pudiera perjudicar la solvencia del obligado tributario. Asimismo, la Administración tributaria podrá acordar la prohibición de disponer sobre los bienes inmuebles de una sociedad, sin necesidad de que el procedimiento recaudatorio se dirija contra ella, cuando se hubieran embargado al obligado tributario acciones o participaciones de aquella y este ejerza el control efectivo, total o en los términos previstos en el artículo 42 del Código de Comercio y aunque no estuviere obligado a formular cuentas consolidadas.

Si los bienes embargados fueran **inscribibles en un registro público**, la Administración tributaria tendrá derecho a que se practique anotación preventiva de embargo en el registro correspondiente. Esta anotación puede concurrir con otras anotaciones hechas sobre el mismo bien por otros acreedores. Conforme al artículo 77 de la LGT, se reconoce a la Hacienda Pública el derecho a cobrar su crédito con cargo al patrimonio del deudor con preferencia a otros acreedores que concurran a la ejecución. Ahora bien, sin perjuicio de lo dispuesto en el artículo 78 de la LGT (hipoteca legal tácita en créditos tributarios sobre inmuebles) y en el artículo 79 de la LGT (afección de bienes al pago de determinados tributos), si existen anotaciones de embargo por acreedores que lo sean de dominio o de derecho real inscrito, el embargo de la Hacienda Pública cede frente a aquellos cuando sea posterior. Si existen anotaciones de embargo por acreedores que no lo sean de dominio o de derecho real inscrito, el embargo de la Hacienda Pública prevalecerá cuando sea anterior, y aun cuando sea posterior, pero en este caso la Hacienda Pública debe promover tercería de mejor derecho. Por último, en el caso de insolvencia del deudor, la preferencia del cobro se somete a las reglas del concurso, considerándose por la Ley 22/03, Concursal, que el crédito tributario goza de privilegio general, y especial en determinados casos.

Los **recargos del periodo ejecutivo** se aplican sobre la totalidad de la deuda y son de tres tipos:

- Recargo ejecutivo: 5 % de la deuda. Se aplica una vez finalizado el periodo voluntario si se paga antes de recibir la notificación de la providencia de apremio.

- Recargo de apremio reducido: 10 % de la deuda. Se aplica cuando, una vez recibida la notificación del apremio, se pague la deuda dentro de los plazos que se indican en dicha notificación.

- Recargo de apremio ordinario: 20 % de la deuda. Se aplica cuando se paga la deuda notificada en apremio una vez vencidos los plazos que en ella figuran. Las deudas que se paguen con el recargo de apremio ordinario llevarán, además, intereses de demora que se devengan desde el inicio del periodo ejecutivo.

Los **intereses de demora del periodo ejecutivo** se devengan desde el inicio del periodo hasta la fecha de ingreso de la deuda. La base sobre la que se aplican no incluye el recargo de apremio. El tipo de interés se aplicará según lo establecido en la normativa tributaria o presupuestaria, según se trate de deudas y sanciones tributarias o de deudas no tributarias.

El procedimiento de apremio termina:

- Con el pago de la cantidad debida.

- Con el acuerdo que declare el crédito total o parcialmente incobrable, una vez declarados fallidos todos los obligados al pago.

- Con el acuerdo de haber quedado extinguida la deuda por cualquier otra causa.

En los casos en que se haya declarado el crédito incobrable, el procedimiento de apremio se reanudará, dentro del plazo de prescripción, cuando se tenga conocimiento de la solvencia de algún obligado al pago.

Los bienes embargados podrán **enajenarse** mediante subasta, concurso o adjudicación directa. Esto daría por concluido el procedimiento de apremio. También pueden adjudicarse a la Hacienda Pública si no se han adjudicado mediante su venta. La adjudicación a la Hacienda Pública se hará por el importe de la deuda, sin que pueda rebasar el 75 % del tipo inicial fijado en el procedimiento de enajenación.

El acto de liquidación de la deuda tributaria debe ser firme antes de proceder a la enajenación de los bienes.

En cualquier momento anterior a la adjudicación de bienes, la Administración tributaria liberará los bienes embargados si el obligado extingue la deuda tributaria y las costas del procedimiento de apremio. Estas costas comprenden: honorarios de profesionales ajenos a la Administración, honorarios de registros públicos, gastos de depósito y cualesquiera otros satisfechos por el órgano de recaudación y derivados de la propia ejecución.

Si el importe obtenido de la enajenación y adjudicación de bienes fuera insuficiente se cubrirán primero las costas y luego la deuda.

3.3. Multas administrativas: sanciones económicas no abonadas

En el caso del embargo por impago de multas de tráfico de la DGT derivan de la aplicación de la Ley sobre Tráfico, Circulación de Vehículos a Motor y Seguridad Vial (Real Decreto Legislativo 6/2015, de 30 de octubre) y el Reglamento de procedimiento sancionador (Real Decreto 320/1994, de 25 de febrero), los cuales establecen los mecanismos y procedimientos para la ejecución forzosa de estas deudas administrativas.

Procedimiento: orden de embargo de la administración → notificación a la empresa → aplicación del art. 607 de la LEC.

En el caso de las multas de tráfico impuestas por la DGT corresponde a la Agencia Tributaria la recaudación de la deuda mediante embargo sin necesidad de intervención judicial previa, conforme a los procedimientos establecidos en el Reglamento General de Recaudación y demás normas de aplicación. Cuando las sanciones de tráfico no hayan sido impuestas por la DGT, los órganos y procedimientos de la recaudación ejecutiva serán los establecidos en la legislación aplicable por las autoridades que las hayan impuesto.

3.4. Impagos a la Seguridad Social

Los arts. 24 y 25 del RGPSL regulan la ejecución de las resoluciones sancionadoras firmes y su recaudación en el procedimiento administrativo sancionador en el orden social. El embargo, al igual que en procesos anteriores, es la última fase por la que pasa el cobro de una deuda por parte de la Seguridad Social.

Procedimiento: orden de embargo de la TGSS → notificación a la empresa → aplicación del art. 607 de la LEC y Reglamento General de Recaudación de la Seguridad Social.

A efectos del embargo de salarios, sueldos, pensiones, retribuciones o sus equivalentes y de prestaciones económicas reconocidas al deudor por la Seguridad Social o por cualquier organismo o entidad pública, se estará a lo dispuesto en los artículos 27.2 del texto refundido de la Ley del Estatuto de los Trabajadores y 607 de la Ley 1/2000, de 7 de enero, de Enjuiciamiento Civil.

Una vez exigida la deuda y tras ser infructuosas las vías ordinarias de cobro, la TGSS inicia el procedimiento de apremio. Según el artículo 93 del Real Decreto 1415/2004 (Reglamento General de Recaudación de la Seguridad Social), la TGSS practica una diligencia de embargo sobre bienes o derechos del deudor.

La prescripción de cuatro años de las deudas puede interrumpirse por actuaciones administrativas (como requerimientos o nuevas diligencias de embargo), asegurando la vigencia de la acción de la TGSS (arts. 42 y 43 del R.D. 1415/2004).

> **RESOLUCIÓN RELEVANTE**
>
> **STSJ de Asturias, rec. 698/2024, de 11 de julio del 2025, ECLI:ES:TSJAS:2025:1977**
>
> El procedimiento de embargo por parte de la Seguridad Social se rige especialmente por el Reglamento General de Recaudación y prevé la notificación de la diligencia de embargo a los cónyuges en caso de bienes gananciales, pudiéndose ejecutar los bienes conforme a lo dispuesto legalmente, con los límites que resulten en caso de disolución de la sociedad de gananciales y situaciones concursales.

|| 1. Prestaciones de la Seguridad Social indebidamente percibidas

El art. 55 de la Ley General de la Seguridad Social, establece la obligación de reintegrar las **prestaciones de Seguridad Social indebidamente percibidas**. El procedimiento especial para el reintegro de las prestaciones de la Seguridad Social indebidamente percibidas se regula en el Real Decreto 359/2009, de 20 de marzo, y cuando este no pueda ser aplicado, siguiendo el art. 80 del Real Decreto 1415/2004, de 11 de junio.

En base a este artículo de la LGSS, «*Los trabajadores y las demás personas que hayan percibido indebidamente prestaciones de la Seguridad Social vendrán obligados a reintegrar su importe*», estableciendo el precepto, del mismo modo, la **responsabilidad subsidiaria**, junto al perceptor, de «quienes por acción u omisión hayan contribuido a hacer posible» el cobro, salvo buena fe probada, de la obligación de reintegrar.

La obligación de reintegro del importe de las prestaciones indebidamente percibidas prescribirá a los cuatro años, contados a partir de la fecha de su cobro, o desde que fue posible ejercitar la acción para exigir su devolución, con independencia de la causa que originó la percepción indebida, incluidos los supuestos de revisión de las prestaciones por error imputable a la entidad gestora.

Igualmente, por tratarse de una obligación contraída por el beneficiario dentro de la Seguridad Social, **si el infractor es beneficiario de una prestación, ésta podrá ser objeto de retención, compensación o descuento**, siguiendo los preceptos en materia de embargo fijados por la Ley de Enjuiciamiento Civil.

> **JURISPRUDENCIA**
>
> **STS, rec. 4369/1997, de 14 de octubre de 1998, ECLI:ES:TS:1998:5880**
>
> Límite económico de los descuentos, compensaciones o reducciones por reintegro de prestaciones indebidamente percibidas. El Tribunal Supremo, en base a doctrina existente, ha reiterado que el Instituto Nacional de la Seguridad Social puede practicar descuentos, compensaciones o reducciones del importe de presta-

ciones periódicas que abona a los beneficiarios con el fin de obtener el reintegro de prestaciones indebidamente percibidas cuando tiene como consecuencia rebajar la cuantía de la pensión por debajo del salario mínimo interprofesional. El límite para la realización de tales retenciones o descuentos será el equivalente al importe fijado anualmente para las pensiones no contributivas.

CUESTIONES

1. ¿Cuándo puede revisar la entidad gestora las prestaciones percibidas?

Con carácter general, «Las Entidades, órganos u Organismos gestores, o el Fondo de Garantía Salarial no podrán revisar por sí mismos sus actos declarativos de derechos en perjuicio de sus beneficiarios, debiendo, en su caso, solicitar la revisión ante el Juzgado de lo Social competente, mediante la oportuna demanda que se dirigirá contra el beneficiario del derecho reconocido» (art. 146.1 de la LRJS).

Como excepción a lo dispuesto en el apartado anterior, el art. 146.2 de la LJS permite a la entidad gestora activar el procedimiento especial para el reintegro de las prestaciones de la Seguridad Social indebidamente percibidas en el supuesto de «rectificación de errores materiales o de hecho y los aritméticos, así como las revisiones motivadas por la constatación de omisiones o inexactitudes en las declaraciones del beneficiario, así como la reclamación de las cantidades que, en su caso, se hubieran percibido indebidamente por tal motivo» (en consonancia con el art. 1 del Real Decreto 148/1996, de 5 de febrero).

Como analizaremos, la D.A. 2.ª del Real Decreto 148/1996, de 5 de febrero también concreta una serie de exclusión de la aplicación del procedimiento de reintegro.

2. ¿Puede reclamarse cualquier cantidad? ¿y acumular deudas?

Aquí entra en juego el principio de economía y eficacia administrativa. La cuantía del 3 por 100 del IPREM mensual vigente en el momento de la respectiva liquidación se estima como insuficiente para la cobertura del coste de la exacción y recaudación de las deudas con la Seguridad Social y conceptos de recaudación conjunta, por lo que, en estos casos, puede acordarse la anulación y baja en contabilidad de la deuda. En los casos de responsabilidad por sucesión mortis causa, el indicado límite se fija en el 20 por 100 del IPREM mensual a efectos de iniciación del oportuno expediente de derivación de responsabilidad por causa de muerte (arts. 116.2 de la LGSS y 6.5 del Real Decreto 1415/2004, de 11 de junio).

No obstante, hasta su modificación con efectos de 01/01/2023, el Real Decreto 148/1996, de 5 de febrero, no establecía de forma expresa la posibilidad de no iniciar el procedimiento especial de reintegro cuando el importe total de la deuda que resulte de las actuaciones de revisión del derecho fuese inferior al considerado como mínimo para la cobertura del coste de su reclamación. Con la fecha de efectos indicada (art. 1 del Real Decreto 148/1996, de 5 de febrero):

- No se iniciará el procedimiento especial de reintegro cuando el importe total de la deuda que resulte de las actuaciones previstas sea inferior a la cantidad determinada como insuficiente para la cobertura del coste que su exacción y recaudación represente.

- La entidad gestora podrá acordar la acumulación de las deudas que no excedan de dicho límite al objeto de superar la cantidad citada, o la de tales deudas con otras de importe superior, siempre que todas ellas correspondan a la misma persona deudora y al reintegro de prestaciones indebidamente percibidas.

‖ 2. Forma de reintegro de prestaciones indebidas

La forma en la que la Administración realizará la reclamación de las cantidades se divide en dos vías:

| a) Vía administrativa

El art. 55 de la Ley General de la Seguridad Social, como hemos dicho, establece la obligación de reintegrar las prestaciones de Seguridad Social indebidamente percibidas. El procedimiento general para hacer efectivos dichos reintegros se regula por el art. 80 del Reglamento General de Recaudación de los recursos del sistema de la Seguridad Social (Real Decreto 1637/1995, de 6 de octubre), dado que, de acuerdo con el artículo 4.1.e) del mismo Reglamento, los reintegros de prestaciones indebidamente percibidas, así declaradas por la entidad gestora competente mediante resolución definitiva, son objeto de la gestión recaudatoria de la Tesorería General de la Seguridad Social.

Sin embargo, el art. 44.1.b) de la Ley General de la Seguridad Social, posibilita satisfacer las deudas originadas por los conceptos señalados mediante los oportunos descuentos en las prestaciones de la Seguridad Social.

Atendiendo, pues, a las dos posibilidades que ofrece la normativa, en vía administrativa el procedimiento para el reintegro de las prestaciones de la Seguridad Social indebidamente percibidas se divide en dos:

1. **Supuestos en los que el deudor de prestaciones indebidamente percibidas es, simultáneamente, acreedor de prestaciones económicas gestionadas por las mismas entidades.** El Real Decreto 148/1996, de 5 de febrero (desarrollado por Orden de 18 de julio de 1997), establece un procedimiento especial al que deben ajustar su actuación las entidades gestoras de la Seguridad Social para hacer efectivo el aludido reintegro mediante descuentos en las prestaciones recibidas.

   De esta forma, salvo en los supuestos en que el propio deudor opte por abonar la deuda en un solo pago, las entidades gestoras pertinentes efectuarán los correspondientes descuentos sobre las prestaciones por ellas gestionadas para resarcirse de la deuda contraída por el beneficiario.

2. **Supuestos en los que el deudor de prestaciones indebidamente percibidas no es, simultáneamente, acreedor de prestaciones económicas gestionadas por las mismas entidades, o bien cuando, iniciado el procedimiento anterior, no hubiera sido posible efectuar las deducciones necesarias para cancelar la deuda en su totalidad**

   En este caso seguiremos el procedimiento establecido en el art. 80 del Reglamento General de Recaudación de la Seguridad Social, aprobado por el Real Decreto 1415/2004, de 11 de junio. Matizar que, por especificación de la propia norma (preámbulo del Real Decreto 359/2009, de 20 de mar, «*este procedimiento será únicamente aplicable en aquellos supuestos en que no hubiera sido posible la aplicación del procedimiento especial de reintegro por descuento regulado en el Real Decreto 148/1996, de 5 de febrero, por el que se regula el procedimiento especial para el reintegro de las prestaciones de la Seguridad Social indebidamente percibidas, o bien cuando, iniciado éste, no hubiera sido posible efectuar las deducciones necesarias para cancelar la deuda en su totalidad».*

| b) Vía judicial

El INSS, o la Mutua en caso prestación con origen en contingencia profesional, han de acudir al **procedimiento específico** para la prestación cuya cantidad ha sido abonada de forma errónea, una vez haya finalizado la actuación en vía administrativa con Resolución al efecto.

En este punto, es necesario recalcar la incidencia del art. 146 de la LRJS, en relación a la posibilidad de **revisión de actos declarativos de derechos**:

Las Entidades, órganos u Organismos gestores, o el Fondo de Garantía Salarial no podrán revisar por sí mismos sus actos declarativos de derechos en perjuicio de sus beneficiarios, debiendo, en su caso, solicitar la revisión ante el Juzgado de lo Social competente, mediante la oportuna demanda que se dirigirá contra el beneficiario del derecho reconocido.

Se exceptúan de lo dispuesto en el apartado anterior:

a) La rectificación de errores materiales o de hecho y los aritméticos, así como las revisiones motivadas por la constatación de omisiones o inexactitudes en las declaraciones del beneficiario, así como la reclamación de las cantidades que, en su caso, se hubieran percibido indebidamente por tal motivo.

b) Las revisiones de los actos en materia de protección por desempleo, y por cese de actividad de los trabajadores autónomos, siempre que se efectúen dentro del plazo máximo de un año desde la resolución administrativa o del órgano gestor que no hubiere sido impugnada, sin perjuicio de lo dispuesto en el art. 147 de la LRJS.

c) La revisión de los actos de reconocimiento del derecho a una prestación de muerte y supervivencia, motivada por la condena al beneficiario, mediante sentencia firme, por la comisión de un delito doloso de homicidio en cualquiera de sus formas, cuando la víctima fuera el sujeto causante de la prestación, que podrá efectuarse en cualquier momento, así como la reclamación de las cantidades que, en su caso, hubiera percibido por tal concepto.

La sentencia que declare la revisión del acto impugnado será inmediatamente ejecutiva.

La acción de revisión prescribirá a los cuatro años.

4.
DETERMINACIÓN DE LAS CUANTÍAS SALARIALES A EFECTOS DE SU EMBARGO: ESCALA DE EMBARGO SEGÚN LA LEC

El apdo. 2 del art. 27 del Estatuto de los Trabajadores y el apdo. 1 del art. 607 de la Ley de Enjuiciamiento Civil establecen que el salario mínimo interprofesional en su cuantía es inembargable como medida protectora del salario frente a los acreedores del trabajador. De igual manera son inembargables el mobiliario, libros e instrumentos necesarios para el ejercicio de la profesión y oficio del deudor, así como el salario, jornal, sueldo, pensión, retribución o su equivalente que no exceda del SMI (art. 592 y arts. 605 a 607 de la LEC).

4.1. ¿Qué se puede embargar para pagar una deuda?

Cuando un trabajador/a incurre en una deuda con la administración o como consecuencia de un procedimiento judicial, el organismo acreedor puede solicitar el embargo de su nómina a la empresa en la que preste servicios, la cual, previa notificación al trabajador/a afectado/a, tendrá obligación de realizar la pertinente reducción de su salario.

En términos generales, podrán ser embargados:

- Bienes y derechos de contenido patrimonial del ejecutado (bienes muebles e inmuebles, cuentas bancarias, créditos, vehículos, acciones, etc.).

- Salarios y pensiones, respecto de los cuales existen límites de inembargabilidad y tramos de embargo progresivo (artículo 607 de la LEC).

- Otros bienes integrantes del patrimonio del obligado al pago que sean susceptibles de realización forzosa.

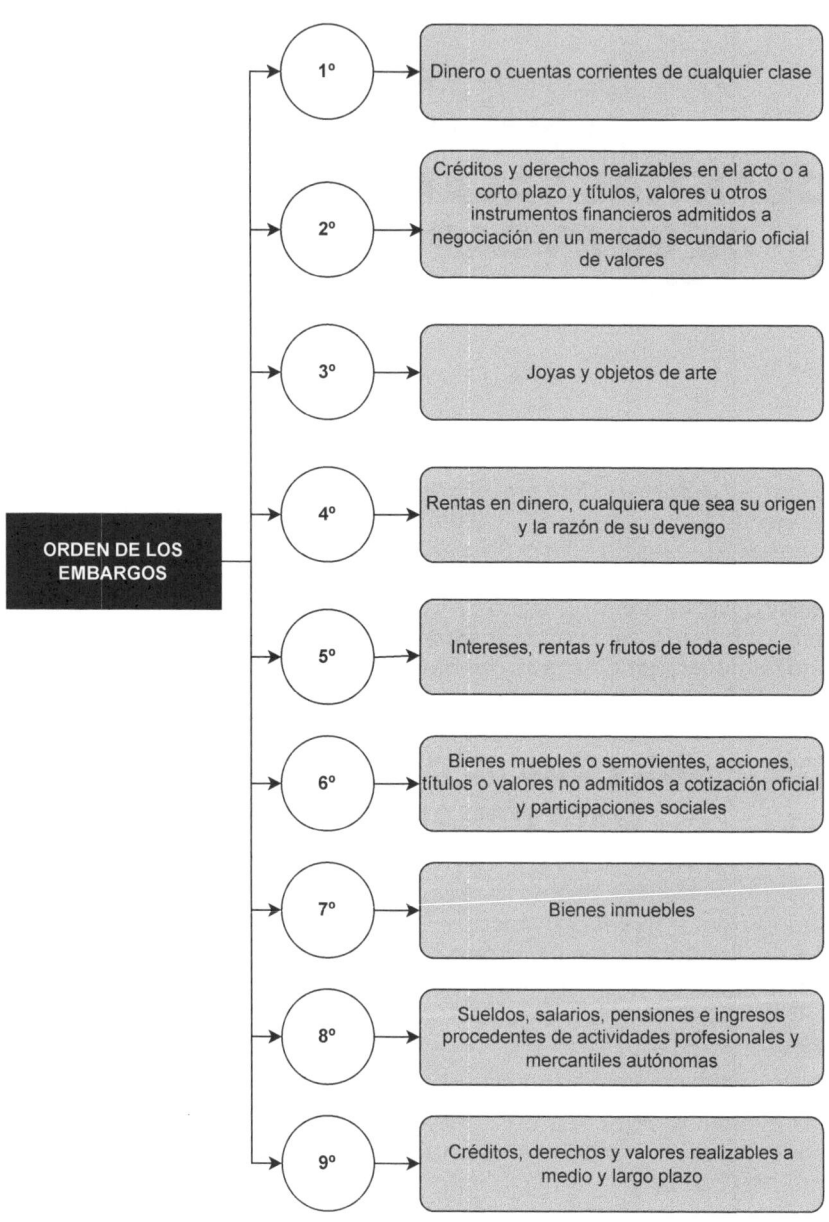

4.2. El SMI como límite: diferencia entre pagas extra prorrateadas o no

Los salarios, sueldos, jornales, retribuciones o pensiones que no superen **el salario mínimo interprofesional (SMI) vigente en cada momento se consideran inembargables, aplicándose a las cantidades que superen el SMI** la escala progresiva establecida en el apdo. 2 del art. 607 de la LEC:

Tramo del salario mínimo	Inembargable
Para la primera cuantía adicional hasta la que suponga el importe del doble del salario mínimo interprofesional	30 %
Para la cuantía adicional hasta el importe equivalente a un tercer salario mínimo interprofesional	50 %
Para la cuantía adicional hasta el importe equivalente a un cuarto salario mínimo interprofesional	60 %
Para la cuantía adicional hasta el importe equivalente a un quinto salario mínimo interprofesional	75 %
Para cualquier cantidad que exceda de la anterior cuantía	90 %

Conforme a la Resolución Vinculante n.º V1015-25, de 17 de junio de 2025 y la normativa citada, **el límite inembargable del salario mínimo interprofesional (SMI) debe computarse teniendo en cuenta si las pagas extraordinarias están prorrateadas o no.**

El apdo. 2 del artículo 27 del Estatuto de los Trabajadores dispone que el salario mínimo interprofesional, en su cuantía, tanto anual como mensual, es inembargable. A efectos de determinar esa cuantía inembargable debemos tener presente:

- **Si el salario incluye el prorrateo de las pagas extraordinarias (es decir, se percibe mensualmente una cantidad que ya incorpora la parte proporcional de las pagas extraordinarias):** el límite inembargable será el SMI anual, prorrateado entre doce mensualidades. Es decir, cada mes no puede ser embargada la parte correspondiente al SMI anual dividido por 12.

- **Si el salario no incluye el prorrateo de las pagas extraordinarias (es decir, el trabajador percibe pagas extras de forma separada):** el límite inembargable será el SMI mensual por catorce pagas (12 meses más dos pagas extraordinarias). En este caso, durante los meses en los que se perciban pagas extraordinarias, esas pagas suman al salario mensual para efectos de embargo y, en dichos meses, el límite inembargable será el doble del SMI mensual (salario + paga extra).

De esta forma, para el año 2025, la cuantía mensual es de **1.184 euros en 14 pagas o 1.381 euros en 12 pagas (prorrateando extras).** En el mes en que se abona la paga extra en caso de no tenerla prorrateada, el límite inembargable asciende al doble del SMI mensual:

- **Trabajador con 12 pagas (prorrateo de extra):** la cantidad inembargable es de 1.381,33 euros al mes (SMI x 14/12). A partir de ese límite, se aplica una escala progresiva: se embarga el 30 % del exceso hasta los 2.762,66 euros, el 50 % hasta los 4.143,99 euros, y así sucesivamente.
- **Trabajador con 14 pagas (sin prorrateo de extra):**
  - » En el mes sin paga extraordinaria la cantidad inembargable es de 1.184 euros (SMI 2025)
  - » En mes de paga extra el límite inembargable es el doble: 2.368 euros (SMI x 2).

4.3. ¿A partir de qué deuda te pueden embargar? ¿Existe un mínimo?

No existe una cantidad mínima de deuda para el embargo. A modo orientativo podríamos decir que en el caso de deudas privadas el procedimiento de ejecución podría ser dictado judicialmente a partir del importe que supere el coste del procedimiento judicial (300 euros aproximadamente). En el caso de **multas o deudas con Hacienda o la Seguridad Social,** dado que la administración solicita el embargo sin procedimiento judicial previo cualquier deuda puede terminar en un embargo salarial.

4.4. ¿Durante cuánto tiempo se puede embargar el salario?

El embargo se mantiene hasta que se cubra la deuda pendiente.

4.5. ¿Cómo se determinan las cantidades salariales sobre las que se aplica el embargo de salario?

El embargo se aplica sobre el salario líquido del trabajador, respetando los límites establecidos por la LEC, y excluyendo conceptos no salariales que pueden ser embargados sin restricciones.

Para el cálculo de la cuantía inembargable debemos tener en cuenta:

- **Base del cálculo:** el embargo se aplica sobre el **salario líquido del trabajador.** Si los salarios, sueldos, pensiones o retribuciones estuvieron gravados con descuentos permanentes o transitorios de carácter público, debido a la legislación fiscal, tributaria o de Seguridad Social, la cantidad líquida que percibiera el ejecutado, deducidos estos será la que sirva de tipo para regular el embargo.

- De acuerdo con el reiterado artículo 607 de la Ley de Enjuiciamiento Civil, **los límites de embargabilidad se aplican únicamente a las cantidades que son estrictamente retribuciones salariales.** Por tanto, las percepciones que no sean salario (p. ej., dietas e indemnizaciones) no están sujetas a los límites de embargabilidad y son embargables en su totalidad, mientras que el salario propiamente dicho sí está sujeto a los límites fijados en la escala del artículo 607 de la LEC. (STSJ de Castilla y León n.º 275/2023, de 3 de marzo de 2023, ECLI:ES:TS-JCL:2023:658).

- **Acumulación de percepciones:** si el trabajador percibe más de una retribución, se acumulan todas para deducir una sola vez la parte inembargable. Es decir, se **suman todos los conceptos salariales fijos** que perciba el trabajador: salario base, antigüedad, pagas extras, complementos salariales diversos, etc. (art. 607.1 de la LEC y art. 44.1 de la LGSS). Del mismo modo, será de aplicación todo lo citado con anterioridad sobre los ingresos procedentes de actividades profesionales y mercantiles autónomas (art. 607.6 de la LEC).

- **Escala progresiva:** las cantidades que exceden el SMI se embargan según una escala progresiva establecida en el artículo 607.2 de la LEC. Por ejemplo, el 30 % para el tramo que exceda el SMI hasta el doble de este, el 50 % para el tramo que exceda el doble del SMI hasta el triple, y así sucesivamente.

‖ Otras reglas de interés

- **Cargas familiares:** en atención a las cargas familiares del trabajador/a embargado/a el organismo ejecutante podrá aplicar una **rebaja del 10 % al 15 %** en los porcentajes establecidos en la tabla citada.

- Cuando el salario supere el SMI y el embargo tenga por objeto hacer efectivas **prestaciones alimenticias** a favor de los hijos o cónyuge del deudor, el juez podrá autorizar el embargo de sueldos y pensiones con preferencia sobre los demás bienes y derechos excepto el dinero.

- El SMI **podrá embargarse para el pago de las prestaciones alimenticias** en virtud de resolución de los Tribunales (art. 608 de la LEC).

- Una vez embargada la parte proporcional de sueldo no garantizada, conforme la escala anterior, si concurre una **nueva deuda**, no es posible embargar el resto pues éste debe quedar siempre libre de responsabilidad.

CUESTIONES

1. Hemos recibido una notificación de la Seguridad Social de una diligencia de embargo de salario de un trabajador. Tiene un contrato parcial y su sueldo neto no llega al SMI, por lo que no da lugar a aplicar el embargo. No obstante, me gustaría saber si hay que hacer algún tipo de comunicación a la Seguridad Social al respecto, tal y como se hace en casos de embargo de la Agencia Tributaria.

La notificación no es obligatoria, pero sí recomendable.

En principio en la notificación recibida por la empresa para requerir el embargo de la nómina del trabajador, el organismo acreedor deberá reflejar la cuenta bancaria en la que la empresa debe ingresar el importe embargado y aclarar, en cualquier caso, el procedimiento de comunicación de los datos sobre dicho ingreso.

A efectos del embargo de salarios, sueldos, pensiones, retribuciones o sus equivalentes y de prestaciones económicas reconocidas al deudor por la Seguridad Social o por cualquier organismo o entidad pública, según el Real Decreto 1415/2004, de 11 de junio, por el que se aprueba el Reglamento General de Recaudación de la Seguridad Social, se estará a lo dispuesto en los arts. 27.2 del texto refundido de la Ley del Estatuto de los Trabajadores y 607 de la Ley 1/2000, de 7 de enero, de Enjuiciamiento Civil. Ninguna de las normas citadas obliga a la comunicación a la Seguridad Social de la imposibilidad de realizar el embargo por percibir el trabajador cantidades por importe del SMI, no obstante, es recomendable dado que puede llegar a considerarse la existencia de un incumplimiento por parte de la empresa.

2. Un trabajador al que se le está embargado su salario producto de una sentencia judicial es despedido, ¿ha de efectuarse el embargo sobre las cantidades adeudadas que serán liquidadas en finiquito (pagas extra, vacaciones, etc.)? ¿Y sobre su indemnización por despido?

Las cantidades percibidas por el trabajador en concepto de indemnización por despido podrán ser objeto de embargo sin ningún tipo de límite. Las cantidades del prorrateo de pagas extras y vacaciones no disfrutadas percibidas en finiquito tendrán la consideración de salario, y como tal, para su embargo se aplicarán los límites y porcentajes previstos en el art. 607 de la Ley de Enjuiciamiento Civil.

3. ¿Cómo debe practicarse el embargo en el caso de un trabajador a tiempo parcial?

Conforme arts. 167 y 169 de la LGT, 82 del RGR, 607 de la LEC y 27 del ET, en el embargo de sueldos, salarios y pensiones deben observarse los límites cualitativos y cuantitativos recogidos por la LEC.

El hecho de que el cálculo de la cuantía que se corresponde con el salario mínimo interprofesional deba efectuarse de manera proporcional al tiempo efectivamente trabajado en el caso de que se realice una jornada inferior a la completa no significa que deba también prorratearse el referido salario a los efectos de la práctica del embargo pues se trata de cosas distintas. El salario mínimo interprofesional se declara inembargable por la ley con el fin de garantizar que las necesidades básicas del trabajador y de su familia quedan cubiertas.

En consecuencia, el salario mínimo interprofesional es inembargable en su totalidad independientemente de que el trabajador preste sus servicios a tiempo completo o parcial (Consultas DGT V2805-20 de 14 de septiembre de 2020; V2029-16, V0496-18 y V3125-18).

4. ¿En el caso de que existan pagas extraordinarias como debe ejecutarse el embargo sobre el salario?

El límite de inembargabilidad de sueldos, salarios o pensiones a que se refiere el artículo 607.1 de la Ley 1/2000, de 7 de enero, de Enjuiciamiento Civil en el mes en que se percibe junto a la mensualidad ordinaria una gratificación o paga extraordinaria está constituido por el doble del importe del SMI mensual.

Al exceso percibido sobre tal cantidad se le aplicará la escala recogida en el artículo 607.2 de dicha norma. En el caso de que en el sueldo mensual percibido estuviera incluida la parte proporcional de las pagas o gratificaciones extraordinarias, el límite de inembargabilidad estará constituido por el importe del SMI en cómputo anual (SMI mensual x 14) prorrateado entre 12 meses. Al exceso percibido sobre tal cantidad se le aplicará la escala recogida en el artículo 607.2 de la LEC. Resolución TEAC 00/1975/2022 de 17 de mayo de 2022 y STS n.º 1340/2022, de 20 de octubre de 2022, ECLI:ES:TS:2022:4017.

RESOLUCIÓN RELEVANTES

STSJ de Castilla y León, rec. 758/2021, de 3 de marzo del 2023, ECLI:ES:TSJCL:2023:658

Se analiza el incumplimiento de una orden de embargo por parte de una empresa que interpretó incorrectamente las dietas como salario, aplicando los límites de embargabilidad sobre el líquido resultante. La sentencia aclara que las dietas son embargables sin límites, ya que no tienen naturaleza salarial.

ATS, rec. 889/2019, de 26 de septiembre de 2019, ECLI:ES:TS:2019:9295A

El Tribunal Supremo ha avalado que hacienda pueda **embargar la parte del salario mínimo cobrado en meses anteriores que haya podido ahorrar el contribuyente.**

5.
POSIBLES INDEPENDENCIAS EN EL CÁLCULO DEL EMBARGO DE SALARIO

La normativa contempla situaciones específicas para el cálculo de las cantidades embargables regulado por el artículo 607 de la Ley de Enjuiciamiento Civil. En paralelo, la jurisprudencia y las resoluciones administrativas, como las del Tribunal Económico-Administrativo Central (TEAC), han clarificado aspectos prácticos del embargo. Analizamos las posibles incidencias sobre las cantidades a embargar al trabajador de obligado conocimiento.

5.1. Embargo de salario a trabajador a tiempo parcial o en reducción de jornada

El importe considerado inembargable es el correspondiente al salario mínimo interprofesional (SMI) establecido para jornada completa, **independientemente de que el trabajador preste servicios a jornada completa, parcial o en reducción de jornada por motivos de conciliación.**

No se debe prorratear el mínimo inembargable al porcentaje de jornada realizado. Se protege así la subsistencia personal y familiar del deudor, evitando que su situación económica quede destruida. Es decir, el empleador no debe practicar retención alguna sobre los importes que abone al trabajador si estos no superan el importe del SMI para jornada completa. Solo si el salario percibido supera esa cuantía, se aplicará la escala del artículo 607 de la Ley de Enjuiciamiento Civil sobre el exceso. (Consultas DGT V2805-20 de 14 de septiembre de 2020; V2029-16, V0496-18 y V3125-18).

5.2. Embargo de planes y fondos de pensiones

El embargo del derecho a las prestaciones del partícipe en un plan de pensiones se encuentra recogido en el artículo 93 del Reglamento de Planes y Fondos de Pensiones. En consecuencia, no son aplicables los límites del artículo 607 de la LEC aplicables únicamente al embargo de sueldos, salarios y pensiones.

Aunque los derechos consolidados en un plan de pensiones están protegidos contra embargos hasta que se cause el derecho a la prestación, una vez que estos derechos se hacen efectivos, pueden ser embargados para satisfacer deudas, especialmente en ausencia de otras rentas o bienes embargables.

> **A TENER EN CUENTA**. Los derechos consolidados del partícipe en un plan de pensiones no podrán ser objeto de embargo, traba judicial o administrativa, hasta el momento en que se cause el derecho a la prestación o en que sean disponibles en los supuestos de enfermedad grave o desempleo de larga duración o por corresponder a aportaciones realizadas con al menos diez años de antigüedad (art. 8.8 y D.T. 7.ª del TRLRPFP).

Un plan de pensiones es un producto financiero de inversión y ahorro a largo plazo, de constitución voluntaria, que requiere la realización de contribuciones o aportaciones periódicas de dinero. Su objetivo principal es garantizar una jubilación segura, ofreciendo prestaciones económicas (rentas o capitales) en caso de jubilación, supervivencia, viudedad, orfandad o invalidez. Estas prestaciones tienen un carácter privado y complementario a las pensiones públicas derivadas del régimen de la Seguridad Social

En la vida de un plan de pensiones se distinguen tres fases principales: la aportación al plan, la inversión de los recursos del fondo de pensiones para obtener ganancias, y el abono de las prestaciones al beneficiario una vez ocurridas las contingencias cubiertas por el plan

Los planes de pensiones **pueden ser objeto de embargo en ciertas circunstancias**. Según el art. 22.7 del Reglamento de Planes y Fondos de Pensiones, los derechos consolidados de los partícipes en un plan de pensiones no podrán ser objeto de embargo, traba judicial o administrativa, hasta el momento en que se cause el derecho a la prestación o puedan ser disponibles o efectivos conforme a lo previsto en el artículo 9 del citado reglamento. Asimismo, el apartado 10 del mismo artículo 8 del TRLRPFP recoge:

> «10. Las prestaciones de los planes de pensiones deberán ser abonadas al beneficiario o beneficiarios previstos o designados, salvo que mediara embargo, traba judicial o administrativa, en cuyo caso se estará a lo que disponga el mandamiento correspondiente».

Esto significa que, **en general, los derechos consolidados en un plan de pensiones están protegidos contra embargos hasta que se produzca una de las contingencias que permiten su disposición**, como la jubilación, la incapacidad, la muerte, la dependencia severa o gran dependencia, o en casos excepcionales de liquidez como el desempleo de larga duración o enfermedad grave.

Sin embargo, una vez que se causa el derecho a la prestación o los derechos consolidados se hacen disponibles, estos pueden ser embargados para satisfacer deudas. En situaciones donde el deudor no tiene otras rentas o bienes que puedan ser embargados, los planes de pensiones pueden ser una fuente de recursos para cubrir la cantidad adeudada. La ejecución del embargo se realizará conforme a una orden judicial o administrativa, y la entidad gestora del fondo de pensiones deberá cumplir con dicha orden, transfiriendo los fondos correspondientes a las prestaciones o derechos consolidados a quien proceda.

En los términos de los apdos. 8 y 10 del artículo 8 de la LIRPF, cuando el derecho a las prestaciones del partícipe en un plan de pensiones sea objeto de embargo o traba, judicial o administrativa, ésta resultará válida y eficaz, si bien no se ejecutará hasta que se cause el derecho a la prestación o puedan hacerse efectivos o disponibles conforme a lo previsto en el artículo 9. Producidas tales circunstancias, la entidad gestora ordenará el traspaso de los fondos correspondientes a las prestaciones o derechos consolidados a quien proceda, en cumplimiento de la orden de embargo.

No obstante, de la interpretación de las disposiciones transitorias de la Ley de Regulación de los Planes y Fondos de Pensiones (TRLRPFP), **a partir del 1 de enero de 2025**, los derechos consolidados correspondientes a aportaciones realizadas con al menos diez años de antigüedad podrán ser objeto de embargo, siempre y cuando se cumplan las condiciones establecidas en la normativa vigente.

A partir del 1 de enero de 2025 se puede rescatar de forma anticipada los planes de pensiones con antigüedad de más de 10 años, es decir, de aportaciones de antes de 1 de enero de 2015. La D.T. 7.ª del TRLRPFP establece que los derechos derivados de aportaciones efectuadas hasta el 31 de diciembre de 2015, junto con los rendimientos correspondientes, serán disponibles a partir de esa fecha. Esto implica que, al ser considerados derechos consolidados individuales, estos podrán ser embargables en el marco de procedimientos judiciales, salvo las restricciones particulares que puedan existir en el régimen del propio plan de pensiones. (Resolución Vinculante de DG T n.º V0136-25. de 12 de febrero de 2025 y V2524-24 de 10 de diciembre de 2024).

A TENER EN CUENTA. Aunque estos derechos puedan ser embargados, la efectividad de dicho embargo dependerá de los requisitos específicos establecidos en la normativa aplicable a los planes de pensiones, así como las circunstancias del deudor.

Cantidad de un plan de pensiones embargable

La cantidad embargable depende de los derechos consolidados en dicho plan y no está sujeta a las limitaciones que sí aplican a los sueldos y salarios. El embargo del derecho a las prestaciones del partícipe en un plan de pensiones se encuentra recogida en el artículo 93 del Reglamento de Planes y Fondos de Pensiones.

Como concrete la Resolución de TEAC n.º 00/00422/2019/00/00, de 18 de octubre de 2021, el embargo de derechos sobre planes de pensiones está regulado en el RGR como embargo de crédito realizable a largo plazo y no como embargo de sueldos, salarios y pensiones; con independencia de como tribute la prestación y se genere el derecho a su percepción por jubilación, invalidez o desempleo de larga duración, no por ello adquiere la condición de sueldo, salario o pensión. Es decir, **no se aplica la normativa relativa a los sueldos, salarios y pensiones, por lo que no están sujetos a los límites establecidos en el artículo 607 de la Ley de Enjuiciamiento Civil.**

> **RESOLUCIÓN RELEVANTE**
>
> **STC n.º 88/2009, de 20 de abril de 2009**
>
> Según el Constitucional, un plan o fondo de pensiones no puede embargarse debido a la inembargabilidad de los derechos consolidados en estos planes. La norma relevante establece que «(...) los derechos consolidados no podrán ser objeto de embargo, traba judicial o administrativa, hasta el momento en que se cause la prestación o en que se hagan efectivos en los supuestos de enfermedad grave o desempleo de larga duración». La sentencia argumenta que la inembargabilidad de estos derechos se justifica por su naturaleza y por la función económica y social que cumplen, ya que son instrumentales para garantizar la protección social y favorecer la estabilidad de los mercados financieros. Por lo tanto, la respuesta es que, en general, un plan o fondo de pensiones es inembargable hasta que se cumplan las condiciones establecidas en la ley, es decir, hasta que se cause la prestación correspondiente.

5.3. Embargo de prestaciones de la Seguridad Social o Servicio Público de Empleo

Las pensiones del sistema de la Seguridad Social **pueden embargarse, de acuerdo con la escala prevista en el art. 607 de la Ley de Enjuiciamiento Civil, en la cuantía de la prestación que exceda el importe del SMI para el año en curso.**

El principio de la inembargabilidad del salario, sueldos, pensión o equivalente en la cuantía señalada para el salario mínimo interprofesional se encuentra en el apartado 1º del art. 607 de la LEC y se fundamenta en la necesidad de preservar un «mínimo económico vital» que garantiza al trabajador una cantidad suficiente para atender a sus necesidades y a las de su familia, siendo así que la previsión de intangibilidad de ese mínimo se sustenta en principios constitucionales como han declarado las SSTC 113/1989, de 22 de junio, y 140/1989, de 20 de julio, que refieren que *las normas sobre inembargabilidad de los salarios mínimos responden a valores como la dignidad humana, configurado como el primero de los fundamentos del orden político y de la paz social en el artículo 10 CE*.

La LGSS dentro de su título I («Normas generales del sistema de la Seguridad Social»), en su Capítulo IV dedicado a la «Acción protectora del sistema de la Seguridad Social» (arts. 42 a 65 de la LGSS) —distinto y separado del capítulo III regulador de la «Afiliación, cotización y recaudación» (arts. 15 a 41 de la LGSS) y, en especial separado de la sección dedicada a la «Recaudación» (disposiciones generales, recaudación en período voluntario y recaudación en vía ejecutiva)-, establece como principio general y básico del sistema sobre los «Caracteres de las prestaciones» que (art. 40.1 de la LGSS):

«1. Las prestaciones de la Seguridad Social, así como los beneficios de sus servicios sociales y de la asistencia social, no podrán ser objeto de retención, sin perjuicio de lo previsto en el apartado 2 [tributación en los términos legales], cesión total o parcial, compensación o descuento, salvo en los dos casos siguientes:

a) En orden al cumplimiento de las obligaciones alimenticias a favor del cónyuge e hijos.

b) Cuando se trate de obligaciones contraídas por el beneficiario dentro de la Seguridad Social.

En materia de embargo se estará a lo establecido en la Ley de Enjuiciamiento Civil».

Por su parte, la LEC en su sección dedicada a los «bienes inembargables», declara, por una parte, la inembargabilidad absoluta de las pensiones que no excedan de la cuantía señalada para el SMI («Es inembargable el salario, sueldo, pensión, retribución o su equivalente, que no exceda de la cuantía señalada para el salario mínimo interprofesional» — art. 607.1 de la LEC–), y, por otra parte, la **inembargabilidad relativa de las pensiones que sean superiores al SMI** para cuyos embargo se establecen cinco escalas en atención a que superen el quinto SMI o para las superiores con diversos porcentajes para determinar la parte inembargable (art. 607.2 de la LEC), posibilitando la acumulación con tal fin de los salarios, sueldos y pensiones, retribuciones o equivalentes o ingresos procedentes de actividades profesionales y mercantiles autónomas del beneficiario o de su cónyuge en determinados casos (art. 607.3 y 6 de la LEC), la posible rebaja de los porcentajes en atención a las cargas familiares (art. 607.4 de la LEC), la regla consistente en que si las «(...) pensiones (...) estuvieron gravadas con descuentos permanentes o transitorios de carácter público, en razón de la legislación fiscal, tributaria o de Seguridad Social, la cantidad líquida que percibiera el ejecutado, deducidos éstos, será la que sirva de tipo para regular el embargo» (art. 607.5 de la LEC), la norma excepcional sobre condenas a prestación alimenticia que preceptúa que «Lo dispuesto en el artículo anterior no será de aplicación cuando se proceda por ejecución de sentencia que condene al pago de alimentos, en todos los casos en que la obligación de satisfacerlos nazca directamente de la Ley, incluyendo los pronunciamientos de las sentencias dictadas en procesos de nulidad, separación o divorcio sobre alimentos debidos al cónyuge o a los hijos. En estos casos, así como en los de las medidas cautelares correspondientes, el tribunal fijará la cantidad que puede ser embargada» (art. 608 de la LEC) y, finalmente, la garantía plena del cumplimiento de la prohibición legal consistente en que «El embargo trabado sobre bienes inembargables será nulo de pleno derecho» (art. 609.1 de la LEC). (STSJ de Andalucía n.º 1648/2024, de 18 de julio del 2024, ECLI:ES:TSJAND:2024:12402).

De la normativa citada, por tanto, debemos entender que las pensiones del sistema de la Seguridad Social pueden embargarse, de acuerdo con la escala fijada por el art. 607 de la Ley de Enjuiciamiento Civil, en la cuantía de la prestación superior al importe del SMI. No obstante, existen supuestos que merece la pena matizar:

|| a) Reintegro de prestaciones indebidamente percibidas

Las STS, rec. 4166/1996 de 24 de abril de 1997, ECLI:ES:TS:1997:2856 y STS, rec. 3441/1999, de 30 de septiembre de 2000, ECLI:ES:TS:2000:6927, mantiene que tales deducciones, retenciones o compensaciones podían practicarse por la Administración de la Seguridad Social incluso aunque la pensión sobre la que se efectuaran no alcanzara el límite del SMI, posibilitando la aplicación de unos módulos reglamentarios que no respetaban tal límite (Reales Decretos 2547/1994, de 30 de diciembre y 148/1996 de 5 de enero). Se razonaba para ello que el apdo. 1.b) art. 44 de la Ley General de la Seguridad Social, distingue en párrafos separados la compensación y el embargo y que no eran aplicables analógicamente a las retenciones o compensaciones los límites que con respecto a la embargabilidad de las pensiones establece la Ley de Enjuiciamiento Civil. Es decir, mientras la persona trabajadora reúna los requisitos de ausencia de ingresos o rentas para ser titular de una pensión no contributiva de la Seguridad Social, los descuentos que el INSS ha de realizar en el importe de la pensión de jubilación o viudedad por cobros indebidos, tienen como límite el equivalente a la pensión de jubilación e invalidez en su modalidad no contributiva.

Tomando como referencia la sentencia citada, las STS, rec. 1236/2005, de 11 de mayo de 2006, ECLI:ES:TS:2006:2952 y STS, rec. 3441/1999 de 30 de septiembre de 2000, ECLI:ES:TS:2000:6927, en relación a los descuentos efectuados por la Entidad gestora por cobros indebidos, ha reiterado que **no opera como intangible el límite del salario mínimo interprofesional, pero sí el que corresponde al importe de las pensiones no contributivas, como umbral mínimo de subsistencia.**

|| b) Mejoras voluntarias en las prestaciones de la Seguridad Social.

El crédito derivado de las mejoras voluntarias en las prestaciones de la Seguridad Social no goza de la condición de privilegio, por lo que tampoco goza de la garantía de inembargabilidad.

c) Pensión compensatoria fijada en supuestos de separación, divorcio o nulidad

Se aplica la excepción de la inembargabilidad del SMI a la ejecución que se plantea respecto a la pensión compensatoria fijada en supuestos de separación, divorcio o nulidad, que resulta asimilable a la de alimentos. (SAAP de La Rioja n.° 100/2006, de 16 de octubre de 2006, ECLI:ES:APLO:2006:228A).

d) Control y verificación de la aplicación de los embargos ordenados sobre prestaciones

La STS, rec. 2599/2013, de 10 de diciembre de 2014, ECLI:ES:TS:2014:5803, ha considerado que el control y verificación de la aplicación, por parte de la Seguridad Social, de los embargos ordenados sobre prestaciones recaen en la jurisdicción social.

La competencia del orden social, por el contrario, no se extiende, a valorar la regularidad de las órdenes de embargo de los diversos Organismos ejecutores, a los que la Administración de Seguridad Social deberá, en su caso, dirigirse si entiende que las órdenes recibidas no puede cumplirlas en los términos requeridos e igualmente ante tales Organismos el embargado deberá formular las peticiones o recursos oportunos para cuestionar su procedencia o ajuste a la legalidad o para instar, en su caso, los posibles reintegros. (STS, rec. 2599/2013, de 10 de diciembre de 2014, ECLI:ES:TS:2014:5803).

e) Prestación por incapacidad temporal

El hecho de que el trabajador se encuentre en situación de incapacidad temporal (baja médica) no afecta a la hora de realizar el cálculo de la cuantía inembargable respecto del salario del trabajador. El SMI es inembargable en su totalidad con independencia de que el trabajador esté o no en situación de incapacidad temporal. (Resolución Vinculante DGT n.° V1015-25, de 17 de junio de 2025).

f) Embargo del ingreso mínimo vital

La normativa reguladora imposibilita -inicialmente- la embargabilidad de la prestación, pero remite para la concreción de esta a lo establecido en el art. 44 de la LGSS; normativa que, a su vez, remite a a lo establecido en la Ley de Enjuiciamiento Civil mediante la cual **se permitiría el embargo sujeto al régimen general del art. 607 de la LEC.**

Atendiendo al art. 3 del Real Decreto-ley 20/2020, de 29 de mayo, por el que se establece el ingreso mínimo vital, entre las características de la prestación no contributiva, encontramos que el IMV, «No podrá ofrecerse en garantía de obligaciones, ni ser objeto de cesión total o parcial, compensación o descuento, *retención o embargo, salvo en los supuestos y con los límites previstos en el artículo 44 del texto refundido de la Ley General de la Seguridad Social, aprobado por Real Decreto Legislativo 8/2015, de 30 de octubre*».

El art. 44 de la LGSS, por su parte, fija: «*En materia de embargo se estará a lo establecido en la Ley de Enjuiciamiento Civil».* Esta última norma, en el apartado segundo del art. 607 LEC, es clara*: «2. Las prestaciones y ayudas a que se refiere este artículo serán consideradas como una percepción más a efectos de lo dispuesto en el apartado 3 del artículo 607 de la Ley de Enjuiciamiento Civil».*

Atendiendo a la imprecisa normativa reguladora, **el IMV será embargable cuando supere los umbrales del SMI fijados por el art. 607 LEC.** Dada la escasa diferencia entre la cuantía de la prestación y el SMI, resultará poco probable la realización de embargos; no obstante, siguiendo el art. 607.3 de la LEC, si en la unidad familiar no rige separación de bienes, dada la compatibilidad con otras prestaciones, ayudas públicas o rentas de trabajo, si la acumulación de los ingresos superan el SMI sería posible impulsar su embargo atendiendo al art. 590 de la LEC.

CUESTIÓN

A efectos de los límites de inembargabilidad del artículo 607 de la LEC, respecto embargos acordados por deudas con la Tesorería General de la Seguridad Social, ¿procede excluir del límite de inembargabilidad de los salarios las pagas extra, o están incluidas en el concepto de SMI en su cuantía anual?

Según la STS n.º 1340/2022, de 20 de octubre de 2022, ECLI:ES:TS:2022:4017, la norma (RD regulador del SMI) fija un límite mínimo anual que configura el salario mínimo interprofesional y lo hace de forma conjunta y global, de modo que «esta expresión comprende tanto las mensualidades como las pagas extraordinarias».

JURISPRUDENCIA

STS, rec. 2599/2013 de 10 de diciembre de 2014, ECLI:ES:TS:2014:5803

La competencia del orden social no se extiende a valorar la regularidad de las órdenes de embargo de los diversos Organismos ejecutores, a los que la Administración de Seguridad Social deberá, en su caso, dirigirse si entiende que las órdenes recibidas no puede cumplirlas en los términos requeridos e igualmente ante tales Organismos el embargado deberá formular las peticiones o recursos oportunos para cuestionar su procedencia o ajuste a la legalidad o para instar, en su caso, los posibles reintegros.

STC n.º 113/1989, de 22 de junio

Analizado los límites constitucionales a las declaraciones legislativas de inembargabilidad, y especialmente de las pensiones, señalando que «(...) la ley, por las más variadas razones de interés público o social, excluye determinados bienes y derechos de la ejecución forzosa, declarándolos inembargables y prohibiendo, en su consecuencia, que el ejecutante proyecte su acción sobre los mismos, que podrían ser objeto de la actividad ejecutiva de no mediar la prohibición ... Comprobada así la justificación constitucional de la inembargabilidad de bienes y derechos como límite del derecho a ejecutar Sentencias firmes, corresponde ahora examinar si la establecida en la norma legal cuestionada cumple la regla de proporcionalidad de los sacrificios, de obligada observancia en toda limitación de un derecho fundamental ... De producirse tal sacrificio desproporcionado es indudable que el precepto legal cuestionado será inconstitucional en cuanto limita un derecho fundamental más allá de toda justificación constitucional».

STC n.º 158/1993 de 6 de mayo

«El límite cuantitativo a la embargabilidad de sueldos y pensiones es, pues, de fijación legislativa, pero debe, en todo caso, existir, ya que sólo así se puede preservar el principio de proporcionalidad en el sacrificio evidente que aquella limitación comporta para el derecho a la ejecución de las resoluciones judiciales firmes. Se concluyó, por ello, en la STC 113/1989 , que el art. 22.1 de la LGSS era inconciliable con aquel derecho -y con lo prescrito, por tanto, en el art. 24.1 de la Constitución - en la medida en que, al no señalar un límite cuantitativo a la inembargabilidad de las pensiones, constituía un sacrificio desproporcionado del derecho a la ejecución de las sentencias firmes».

STSJ de Asturias, rec. 2669/2017, de 8 de enero de 2018, ECLI:ES:TSJAS:2018:25

El embargo por pensión de alimentos tiene preferencia, no se somete a los límites de inembargabilidad previstos para el resto de las deudas y debe ejecutarse en la cuantía fijada por el tribunal, tal y como establece el artículo 608 de la LEC. El resto de los embargos sí se ven limitados por la escala y protección del salario mínimo interprofesional.

5.4. Embargo de los salarios de tramitación

Los salarios de tramitación son las cantidades que el trabajador deja de percibir desde la fecha de despido hasta la notificación de la sentencia que declarase la improcedencia de este, en caso de que el empresario opte por la readmisión. Estas cantidades no tienen estrictamente naturaleza salarial. Aunque poseen ciertas vertientes salariales, como la obligación de cotizar por ellos, su finalidad fundamental es indemnizatoria, pues pretenden compensar al trabajador por el perjuicio ocasionado por la falta de percepción de salarios entre el despido y la resolución del procedimiento.

El apdo. 1 del art. 607 de Ley de Enjuiciamiento Civil configura como inembargable el salario, sueldo, pensión, retribución o su equivalente, que no exceda de la cuantía señalada para el salario mínimo interprofesional. No obstante, dado que **los salarios de tramitación no tienen estrictamente naturaleza salarial sino indemnizatoria estaríamos ante un embargo de cantidad y no ante un embargo de salarios**. Esto significa que los límites establecidos en la Ley de Enjuiciamiento Civil para el embargo de salarios no se aplican a los salarios de tramitación, que pueden ser embargados en su totalidad para cubrir la deuda del trabajador.

RESOLUCIÓN RELEVANTE

STSJ de Cataluña, rec. 722/2002, de 21 de octubre de 2002, ECLI:ES:TSJCAT:2002:11749

La Sala concluye que, tratándose de una cantidad de naturaleza indemnizatoria y no salarial, los salarios de tramitación sí pueden ser embargados como una cantidad ordinaria, ajena a la protección específica de la inembargabilidad salarial.

«El límite de embargabilidad, establecido en la Ley de Enjuiciamiento Civil para los sueldos o salarios, se refiere a lo que se va percibiendo periódicamente y que constituye el mínimo vital que sirve de sustento al perceptor, persiguiéndose con

> *dicha medida no privarle de dicho medio de vida. El salario pretende, como es obvio, la remuneración del trabajo. Y al tiempo que retribuye el trabajo, el salario tiene una misión político-social, la de procurar el mantenimiento o subsistencia del trabajador, resaltando la Constitución Española el derecho de los trabajadores "a una remuneración suficiente para satisfacer sus necesidades y las de su familia" (art. 35.1). Esta función de signo económico social -la de sustentación del trabajador- tiende a garantizarse a través de diversos mecanismos: fijación de salarios mínimos, inembargabilidad, carácter de crédito privilegiado, protección frente a la mora, creación de fondos garantizadores de salarios en caso de insolvencia patronal, etc.».*

5.5. Embargo de la indemnización por extinción de contrato laboral o finiquito

La indemnización por rescisión no tiene la consideración de salario y, en consecuencia, no se beneficiará de los límites de embargabilidad recogidos en el artículo 607 de la LEC.

|| 1. Indemnización

La indemnización por rescisión no tiene la consideración de salario y, en consecuencia, no se beneficiará de los límites de embargabilidad recogidos en el artículo 607 de la LEC.

En relación al artículo 607 de la Ley de Enjuiciamiento Civil se declaran embargables los sueldos, salarios y pensiones, pero no se hace alusión a las indemnizaciones. De esta forma, los límites de embargabilidad del artículo 607 de la LEC son aplicables a los ingresos en la medida en que estos tengan la consideración de sueldos, salarios y pensiones. Si bien dichos conceptos no son determinados por la normativa tributaria. De tal suerte que para su determinación en virtud del sistema de fuentes del art. 7.2 de la LGT hay que remitirse a la normativa laboral.

En el art. 26.2 del Estatuto de los Trabajadores, se define que tiene la consideración de salario y, a tenor de lo indicado en el Estatuto de los Trabajadores, las indemnizaciones no son consideradas salario.

> «1. Se considerará salario la totalidad de las percepciones económicas de los trabajadores, en dinero o en especie, por la prestación profesional de los servicios laborales por cuenta ajena, ya retribuyan el trabajo efectivo, cualquiera que sea la forma de remuneración, o los periodos de descanso computables como de trabajo.
> (...)
> 2. No tendrán la consideración de salario las cantidades percibidas por el trabajador en concepto de indemnizaciones o suplidos por los gastos realizados como consecuencia de su actividad laboral, las prestaciones e indemnizaciones de la Seguridad Social y las indemnizaciones correspondientes a traslados, suspensiones o despidos».

El apdo. 2.c) del artículo 169 de la LGT, enumera como bienes embargables los sueldos, salarios y pensiones.

Por otro lado, el artículo 82.1 del Reglamento General de Recaudación aprobado por Real Decreto 939/2005, de 29 de julio, (BOE de 2 de septiembre), en adelante RGR, determina que:

> «1. El embargo de sueldos, salarios y pensiones se efectuará teniendo en cuenta lo establecido en la Ley 1/2000, de 7 de enero, de Enjuiciamiento Civil.
>
> La diligencia de embargo se presentará al pagador. Este quedará obligado a retener las cantidades procedentes en cada caso sobre las sucesivas cuantías satisfechas como sueldo, salario o pensión y a ingresar en el Tesoro el importe detraído hasta el límite de la cantidad adeudada.
>
> (...)».

De esta forma, los límites de embargabilidad del artículo 82.1 del Real Decreto 939/2005, de 29 de julio (RGR) en relación con el artículo 607.1 de la LEC se aplicarían exclusivamente a las percepciones que tuvieran la consideración de salario de acuerdo con lo preceptuado en los apartados 1 y 2 del artículo 26 del Estatuto de los Trabajadores, condición que no se aplica a la indemnización por extinción del contrato laboral.

Esta interpretación es conforme a la doctrina de la Dirección General de Tributos manifestada en las consultas vinculantes con número de referencia V1730-10, de 27 de julio, V2803-11, de 28 de noviembre, V0765-19, de 9 de abril y V3255-20 de 30 de octubre de 2020.

‖ 2. Finiquito

El finiquito podría definirse como el **remate de cuentas o certificación que se da para constancia de que están ajustadas y satisfecho el alcance que resulta de ellas.** No está sujeto a forma ad solemnitatem y su contenido, que es variable, puede hacer referencia bien al percibo de una determinada cantidad salarial, bien a la liquidación de las obligaciones, principalmente de carácter patrimonial, que se realiza con motivo de la extinción de la relación laboral; o, por último, a la propia extinción de la relación contractual, a la que, usualmente, se une una manifestación de las partes de no deberse nada entre sí y de renuncia a toda acción de reclamación. (STS rec. 4977/1998, de 28 de febrero de 2000, ECLI:ES:TS:2000:1542 ; STS, rec. 475/2009, de 10 de noviembre, ECLI:ES:TS:2009:7939 y STS, rec. 1163/2010, de 11 de noviembre, ECLI:ES:TS:2010:6562).

Con carácter general, **el finiquito incluirá:**

a) **El salario de los últimos días trabajados del mes en el que se produzca el cese**, (el trabajador tiene derecho a la parte proporcional de su salario por los días efectivamente trabajados). En dinero o en dinero y especie (si esta forma parte del salario base).

b) **Las pagas extraordinarias:** la liquidación en el finiquito de las pagas extraordinarias ha de realizarse teniendo en cuenta tres posibilidades, en función de la forma de pago: Prorrateo mensual, pagas extras semestrales o pagas extras anuales.

c) **Las vacaciones no disfrutadas:** calculadas desde el 1 de enero del año en curso hasta la conclusión de la relación laboral a razón de 2,5 día/mes y descontando los días ya disfrutados en caso de haberlos.

d) **Percepciones no salariales adeudadas** (están excluidas de la base de cotización, en las cuantías que no superen los límites legalmente establecidos de cotización) como:

 » Indemnizaciones o suplidos.

 » Prestaciones e indemnizaciones de la Seguridad Social.

 » Indemnizaciones por traslados, suspensiones o despidos.

 » Mejoras voluntarias de la acción protectora de la Seguridad Social, productos en especie concedidos voluntariamente por la empresa.

e) **Posibles indemnizaciones** (cómo puede ser el caso de algunos contratos de duración determinada), etc.

Las cantidades percibidas en concepto de prorrateo de pagas extraordinarias y vacaciones no disfrutadas incluidas en el finiquito tienen la consideración de salario. Por tanto, para su embargo se aplicarán los límites y porcentajes previstos en el artículo 607 de la Ley de Enjuiciamiento Civil (LEC), que regula el embargo de sueldos y pensiones. Por otro lado, como hemos tratado, las indemnizaciones por despido no están sujetas a los límites de embargabilidad establecidos para los salarios y pueden ser embargadas sin restricciones

5.6. Embargo de pagas extraordinarias

La Resolución TEAC 00/1975/2022 de 17 de mayo de 2022 (unificación de criterio) ha especificado la forma de calcular el importe inembargable en los meses que, junto a la mensualidad ordinaria de sueldo, salario o pensión, se percibe una paga extraordinaria.

Como se ha tratado los apdos. 1, 2 y 3 del artículo 607 de la LEC señalan:

«1. Es inembargable el salario, sueldo, pensión, retribución o su equivalente, que no exceda de la cuantía señalada para el salario mínimo interprofesional.

2. Los salarios, sueldos, jornales, retribuciones o pensiones que sean superiores al salario mínimo interprofesional se embargarán conforme a esta escala:

Para la primera cuantía adicional hasta la que suponga el importe del doble del salario mínimo interprofesional, el 30 %.

Para la cuantía adicional hasta el importe equivalente a un tercer salario mínimo interprofesional, el 50 %.

Para la cuantía adicional hasta el importe equivalente a un cuarto salario mínimo interprofesional, el 60 %.

Para la cuantía adicional hasta el importe equivalente a un quinto salario mínimo interprofesional, el 75 %.

Para cualquier cantidad que exceda de la anterior cuantía, el 90 %.

3. Si el ejecutado es beneficiario de más de una percepción, se acumularán todas ellas para deducir una sola vez la parte inembargable. Igualmente serán acumulables los salarios, sueldos y pensiones, retribuciones o equivalentes de los cónyuges cuando el régimen económico que les rija no sea el de separación de bienes y rentas de toda clase, circunstancia que habrán de acreditar al Secretario judicial».

La controversia gira en torno a la consideración del salario mínimo interprofesional a los efectos de los límites de inembargabilidad contemplados en el artículo 607 de la LEC, en relación al abono de las pagas extraordinarias. Es decir, si en los meses en que se abonan las pagas extraordinarias únicamente se considera inembargable un salario mínimo o el doble como una repercusión por 14 pagas (artículos 26.1, 27.2 y 31 del ET).

Como es lógico, la inembargabilidad no puede ser diferente en aquellos supuestos en los que el sueldo, salario o pensión se devenga con las pagas extras prorrateadas, que en los supuestos en los que la pagas se efectúa en los meses de junio y diciembre, pues si resultado en uno y otro caso fuese diferente implicaría una lesión del principio de igualdad y equidad. Resulta así que el sueldo, salario o pensión percibido es inembargable en la suma que no exceda del importe anual global del salario mínimo interprofesional, por todos los conceptos, incluidas las pagas extraordinarias.

Los límites de embargabilidad fijados en la LEC se aplican de la siguiente forma:

12 pagas: paga extraordinaria prorrateada		Es inembargable el límite del SMI en cómputo anual prorrateado [(14 x SMI)/12]. Esta será la cantidad inembargable todos y cada uno de los 12 meses del año.
14 pagas	Meses con abono de pagas extraordinarias	La inembargabilidad se sitúa en el doble del salario mínimo interprofesional y a partir de tal cálculo, se aplican los porcentajes del artículo 607 del LEC sobre la parte del salario que en ese mes de paga extra exceda del doble del salario mínimo interprofesional.
	Meses sin abono de pagas extraordinarias	Hemos de tomar el salario mínimo interprofesional mensual (sin multiplicar ni dividir por nada). En los meses sin paga extra, la cuantía inembargable es el importe del SMI mensual, aplicando los porcentajes del art. 607 de la Ley de Enjuiciamiento Civil sobre el la parte de sueldo líquido que exceda de aquella cuantía.
Trabajador con derecho a más de dos gratificaciones extraordinarias al año		Si el trabajador tuviera derecho a más de dos gratificaciones extraordinarias al año, en el mes que se percibieran se actuará de conformidad con lo señalado anteriormente: los límites de embargabilidad del art. 607 de la LEC, se aplicarían a la totalidad de las percepciones mensuales acumuladas, que en este caso sería el salario mensual ordinario y la correspondiente a la gratificación extraordinaria.

De manera gráfica podemos mostrar las siguientes tablas con los límites inembargables del SMI 2025 en base a la percepción de la paga extraordinaria:

1. **Límite numérico SMI 2025: 12 pagas con pagas extra prorrateadas**
   - » SMI (14 pagas): 1.184 euros mensuales.
   - » SMI (12 pagas, prorrateadas): (1.184 x 14) / 12= 1.381,33 euros mensuales de límite inembargable.

Tramo salarial mensual (€)	Porcentaje embargable	Observaciones
Hasta 1.381,33	0 %	Inembargable (SMI 14 pagas).
De 1.381,34 a 2.762,66	30 %	Sobre el exceso respecto al SMI prorrateado.
De 2.762,67 a 4.143,99	50 %	Para la cuantía adicional hasta el importe equivalente a un tercer SMI.
De 4.144,00 a 5.525,32	60 %	Para la cuantía adicional hasta el importe equivalente a un cuarto SMI.
De 5.525,33 a 6.906,65	75 %	Para la cuantía adicional hasta el importe equivalente a un quinto SMI.
Más de 6.906,65	90 %	Para cualquier cantidad que exceda de la anterior cuantía.

2. **Límite numérico SMI 2025: 14 pagas (sin prorratear), mes en que NO se percibe paga extraordinaria**
   - » SMI (14 pagas): 1.184 euros mensuales.
   - » SMI (12 pagas, mes en que no se recibe paga extra): 1.184 euros mensuales de límite inembargable.

Tramo salarial mensual (€)	Porcentaje embargable	Observaciones
Hasta 1.184,00	0 %	Inembargable (SMI).
De 1.184,01 a 2.368,00	30 %	Para la primera cuantía adicional hasta la que suponga el importe del doble del SMI.
De 2.368,01 a 3.552,00	50 %	Para la cuantía adicional hasta el importe equivalente a un tercer SMI.
De 3.552,01 a 4.736,00	60 %	Para la cuantía adicional hasta el importe equivalente a un cuarto SMI.

Tramo salarial mensual (€)	Porcentaje embargable	Observaciones
De 4.736,01 a 5.920,00	75 %	Para la cuantía adicional hasta el importe equivalente a un quinto SMI.
Más de 5.920,00	90 %	Para cualquier cantidad que exceda de la anterior cuantía.

3. **Límite numérico SMI 2025: 14 pagas (sin prorratear), mes en que SÍ se percibe paga extraordinaria**

   » SMI (14 pagas): 1.184 euros mensuales.

   » SMI (12 pagas, mes en que se recibe paga extraordinaria): 1.184 x 2 = 2.368 euros mensuales de límite inembargable.

Tramo salarial mensual (€)	Porcentaje embargable	Observaciones
Hasta 2.368,00	0 %	Inembargable (doble del SMI mensual).
De 2.368,01 a 4.736,00	30 %	Sobre el exceso respecto al doble del SMI.
De 4.736,01 a 7.104,00	50 %	Para la cuantía adicional hasta el importe equivalente a un tercer SMI.
De 7.104,01 a 9.472,00	60 %	Para la cuantía adicional hasta el importe equivalente a un cuarto SMI.
De 9.472,01 a 11.840,00	75 %	Para la cuantía adicional hasta el importe equivalente a un quinto SMI.
Más de 11.840,00	90 %	Para cualquier cantidad que exceda de la anterior cuantía.

CUESTIÓN

En los supuestos en los que el perceptor tenga un total de pagas superior a 14 (por ejemplo, 16 pagas, compuestas por 12 ordinarias y 4 extraordinarias, todas de igual importe), ¿Cómo se calcula el límite de inembargabilidad?

Conforme a la Resolución Vinculante de la DGT n.º V0742-24, de 16 de abril de 2024, en los supuestos en los que el perceptor tenga un total de pagas superior a 14 (por ejemplo, 16 pagas, compuestas por 12 ordinarias y 4 extraordinarias, todas de igual importe), el cálculo del límite de inembargabilidad en los meses en los que coincide el salario mensual con una paga extraordinaria debe realizarse del siguiente modo:

- **Límite mensual de inembargabilidad ordinario:** Se obtiene dividiendo el Salario Mínimo Interprofesional anual (SMI anual) entre 16 (el total de pagas percibidas en el año).

- **Meses con percepción de paga extraordinaria junto con la ordinaria:** El límite de inembargabilidad será el doble del importe anterior. Es decir, el resultado de dividir el SMI anual entre 16 y multiplicar por 2.

- **Meses sin paga extraordinaria:** El límite será el importe resultante de dividir el SMI anual entre 16.

Así se respeta lo dispuesto en el artículo 27.2 del Estatuto de los Trabajadores y lo señalado en la resolución, que expresamente matiza que, para relaciones laborales con 16 pagas, se debe adaptar el cálculo dividiendo el SMI anual por 16 y, en los meses con doble percepción (salario ordinario más extraordinario), aplicar el doble de ese importe como tope inembargable. Al exceso percibido sobre dichos límites se le aplicará la escala del artículo 607 de la Ley de Enjuiciamiento Civil.

JURISPRUDENCIA

STS n.º 1340/2022, de 20 de octubre de 2022, ECLI:ES:TS:2022:4017

La cuantía del SMI es inembargable en su cómputo anual, pagas extra incluidas. La forma correcta de calcular el límite inembargable en los meses con paga extraordinaria es computar el doble del SMI.

STS n.º 499/2021, de 6 de julio de 2021, ECLI:ES:TS:2021:2708

En la que la Sala Primera del Tribunal Supremo se pronuncia sobre el salario mínimo interprofesional al interpretar el límite previsto en el artículo 176 bis 2.2° de la Ley Concursal. Declara la Sala que para el cálculo del límite previsto en dicho precepto ha de acudirse a la legislación social, el artículo 27.1 del Estatuto de los Trabajadores y la normativa que desarrolla dicho precepto legal, en aquel caso, al Real Decreto 1717/2012, de 28 de diciembre, que fija el salario mínimo interprofesional para el año 2013 —año en el que se devengaron los salarios controvertidos— y concluye que el salario mínimo interprofesional incluye las dos pagas o gratificaciones extraordinarias anuales a las que todo trabajador tiene derecho de acuerdo con el artículo 31 del Estatuto de los Trabajadores.

Razona la Sala sobre la actual regulación y los cambios operados en el apartado 3° del artículo 33 del Estatuto de los Trabajadores referido a la garantía del Fondo Salarial en los procesos concursales, y declara que para la fijación del límite cuantitativo a la preferencia de los créditos laborales de la Ley Concursal, ha de estarse a la norma que establece periódicamente el salario mínimo interprofesional en cumplimiento de lo dispuesto en el artículo 27 del Estatuto de los Trabajadores, de modo que —dice textualmente— «(...) el límite no es el 'salario día', ni el 'salario mes' previsto en el Real Decreto 1717/2012, (...), sino el 'salario mínimo en su cómputo anual" norma que establece que 'en ningún caso puede considerarse una cuantía anual inferior', razón por la que finaliza que 'en el cálculo de dicho límite' de la Ley Concursal, 'debe incluirse la parte proporcional de las pagas extraordinarias».

RESOLUCIONES RELEVANTES

Consulta Vinculante TAC n.º V0643-24, de 12 de abril de 2024

Embargos si la persona trabajadora tiene 17 pagas al año: «(...) por aplicación del primer inciso del artículo 27.2 del Estatuto de los Trabajadores, los meses de percepción de una paga extraordinaria, se consideraría como límite de embargabilidad el resultado de dividir el SMI en términos anuales entre 17 y aplicar el doble de dicho importe los meses en que se perciban dos pagas, una ordinaria y otra extraordinaria, cada una del mismo importe. En los meses en que no exista percepción de paga extraordinaria, se aplicará como límite el importe resultante de dividir el SMI en términos anuales entre 17».

Resolución TEAC 00/1975/2022 de 17 de mayo de 2022

El límite de inembargabilidad de sueldos, salarios o pensiones a que se refiere el artículo 607.1 de la Ley 1/2000, de 7 de enero, de Enjuiciamiento Civil en el mes en que se percibe junto a la mensualidad ordinaria una gratificación o paga extraordinaria está constituido por el doble del importe del SMI mensual.

Al exceso percibido sobre tal cantidad se le aplicará la escala recogida en el artículo 607.2 de dicha norma. En el caso de que en el sueldo mensual percibido estuviera incluida la parte proporcional de las pagas o gratificaciones extraordinarias, el límite de inembargabilidad estará constituido por el importe del SMI en cómputo anual (SMI mensual x 14) prorrateado entre 12 meses. Al exceso percibido sobre tal cantidad se le aplicará la escala recogida en el artículo 607.2 de la LEC.

5.7. Embargo de dietas incluidas en nóminas

Las dietas no están incluidas dentro del concepto de salario, por tanto, son embargables sin límites, de conformidad con las disposiciones generales de embargabilidad.

Como se establece en las consultas vinculantes de la DGT n.º V1730-10, de 27 de julio de 2010, n.º V1570-18, de 6 de junio de 2018 y n.º V2803-11 de 28 de noviembre de 2011, las cantidades percibidas por el trabajador en concepto de indemnizaciones o suplidos por los gastos realizados como consecuencia de su actividad laboral, las prestaciones e indemnizaciones de la Seguridad Social y las indemnizaciones correspondientes a traslados, suspensiones o despidos no tendrán la consideración de salario.

En consecuencia, **las cantidades satisfechas en concepto de «dietas» que constan en la nómina no estarían incluidas dentro del concepto de salario en relación con la aplicación de los límites de embargabilidad del art. 607 de LEC**, y, por tanto, serían embargables sin límites, de conformidad con las disposiciones generales de embargabilidad.

5.8. Embargo del suelo del cónyuge

El embargo de bienes gananciales por deudas privativas de uno de los cónyuges es posible en el régimen de sociedad de gananciales, conforme a la normativa y jurisprudencia.

El embargo de nómina por deudas del cónyuge presenta diversas implicaciones legales dependiendo del régimen económico matrimonial y las circunstancias particulares del caso. No obstante, la actuación de la empresa ante la recepción de una orden de embargo sobre el salario de un trabajador, dictada por deudas del cónyuge de dicho trabajador, debe regirse estrictamente por la legislación aplicable y la naturaleza de la orden recibida.

Es obligatorio realizar la notificación al trabajador afectado sobre la existencia de la orden de embargo recibida, en especial en los casos en que el embargo provenga de deudas de su cónyuge y la traba pretenda dirigirse contra bienes gananciales.

El trabajador debe poder acreditar su régimen matrimonial (gananciales o separación de bienes). Si acredita separación de bienes, salvo excepciones, no procede aplicar la orden al salario del trabajador no deudor. Correspondiendo al trabajador presentar ante la autoridad que ordena el embargo las alegaciones o recursos oportunos para oponerse o solicitar la reducción del embargo, por ejemplo, aportando pruebas de cargas familiares, circunstancias personales graves o el régimen de separación de bienes.

A pesar de que a efectos de la empresa la orden de embargo debe ser atendida en tiempo y forma, en relación con este tema las siguientes conclusiones pueden resultar de interés:

1. Posibilidad de embargo de sueldo y salario del cónyuge no deudor en régimen de gananciales

Es posible embargar bienes gananciales (como el suelo) por deudas propias de uno de los cónyuges cuando el matrimonio está sujeto al régimen de gananciales siempre que se cumplan los requisitos establecidos en la normativa y se respete el derecho del cónyuge no deudor a ser notificado. Además, este último puede ejercer su derecho a solicitar la sustitución de los bienes comunes por la parte del cónyuge deudor en la sociedad conyugal, lo que implicaría la disolución de la sociedad de gananciales.

El **fundamento jurídico** se encuentra en los artículos 1373, 1362 y 1365 del Código Civil:

- La sociedad de gananciales constituye un «todo indiviso» mientras dura el régimen, y no cabe el embargo fraccionado de un bien ganancial (art. 1344 del CC y ss.).

- Si los bienes privativos del deudor no son suficientes para cubrir la deuda, el acreedor podrá pedir el embargo de bienes gananciales. El otro cónyuge deberá ser notificado y puede exigir la sustitución de los bienes comunes embargados por la parte que el deudor ostenta en la sociedad de gananciales, llevando a la disolución de la sociedad (art. 1373 del CC).

- Las deudas contraídas en el desempeño de la profesión, arte u oficio y los gastos originados por la explotación regular de los negocios son de cargo de la sociedad de gananciales (arts. 1362.4 y 1365.2 del CC).

Notificación

La notificación al cónyuge no deudor sólo es un trámite más para darle a conocer el embargo porque no tiene la condición de obligado tributario o frente a la Seguridad Social, con lo que no tiene potestad para recurrir dicha notificación. Debemos distinguir **dos tipos de actos administrativos** involucrados en la vía de apremio:

- Diligencia de embargo (acto que afecta concretamente a un bien o derecho para asegurar el pago de la deuda); y

- Providencia de apremio (acto inicial que da comienzo al procedimiento ejecutivo contra los bienes del deudor).

Es obligatorio que la diligencia de embargo se notifique al cónyuge no deudor cuando afecta a bienes gananciales, pero no es requisito legal notificar la providencia de apremio al mismo.

No existe disposición legal que exija la notificación de la providencia de apremio al cónyuge no deudor cuando la deuda es ganancial. Así lo establece, por ejemplo, expresamente:

El artículo 93 del Real Decreto 1415/2004, de 11 de junio, Reglamento General de Recaudación de la Seguridad Social:

> «Por cada actuación de embargo se practicará diligencia de embargo, que se notificará al apremiado, y al cónyuge cuando se trate de bienes que formen parte de la sociedad de gananciales, sin perjuicio de lo dispuesto específicamente para el embargo de bienes inmuebles.
> La diligencia de embargo en caso de cuotas de participación de bienes poseídos proindiviso se limitará a la cuota de participación del deudor y se notificará a los condóminos».

El precepto señala únicamente la obligación de notificar la diligencia de embargo al cónyuge cuando se trate de bienes gananciales. La finalidad de esta notificación es que el cónyuge no deudor cuente con mecanismos para hacer valer sus derechos solo cuando concretamente se tramita un embargo sobre bienes gananciales, no en etapas previas del procedimiento recaudatorio. (STSJ de Asturias n.° 675/2025, de 11 de julio de 2025, ECLI:ES:TSJAS:2025:1977).

El artículo 76.3 del Real Decreto 939/2005, de 29 de julio, Reglamento General de Recaudación

> «3. Una vez realizado el embargo de los bienes y derechos, la diligencia se notificará al obligado al pago y, en su caso, al tercero titular, poseedor o depositario de los bienes si no se hubiesen realizado con ellos las actuaciones, así como al cónyuge del obligado al pago cuando los bienes embargados sean gananciales o se trate de la vivienda habitual, y a los condueños o cotitulares.
> En el supuesto de bienes y derechos inscritos en un registro público el embargo también deberá notificarse a los titulares de cargas posteriores a la anotación de embargo y anteriores a la nota marginal de expedición de la certificación de cargas a que se refiere el artículo 74.
> El embargo, en caso de cuotas de participación de bienes que se posean proindiviso, se limitará a la cuota de participación del obligado al pago y se notificará a los condóminos».

Por tanto, en el ámbito tributario también se exige la notificación al cónyuge no deudor en caso de embargo de bienes gananciales. Esta obligación recae respecto a la diligencia de embargo, pero no se menciona que tal deber de notificación exista respecto a la providencia de apremio.

Reducción del monto embargado sobre el sueldo del cónyuge

El cónyuge no deudor puede presentar alegaciones y ejercer los recursos que procedan para proteger sus derechos y patrimonio. Del mismo modo, puede solicitar que se reduzca el embargo sobre el salario si acredita que afecta gravemente a su sustento, conforme al artículo 607 de la LEC. (STSJ de Galicia n.º 118/2025, de 21 de marzo del 2025, ECLI:ES:TSJGAL:2025:2461).

Liquidación de la sociedad de gananciales

Según la STS n.º 1054/2021, de 19 de julio de 2021, ECLI:ES:TS:2021:3129, cabe el embargo de sueldos y salarios del cónyuge no deudor adquiridos tras la modificación del régimen económico matrimonial cuando no se haya procedido a la liquidación de la sociedad de gananciales ni se haya elaborado el correspondiente inventario, ni se adjudiquen bienes. El TS considera lo siguiente:

Mientras no se hayan realizado las operaciones de liquidación e inventario, la responsabilidad del cónyuge no deudor se mantiene como universal respecto de las deudas gananciales pendientes.

- El cambio de régimen económico matrimonial (por ejemplo, mediante capitulaciones matrimoniales la separación de bienes) surte efectos hacia el futuro, pero **no limita la responsabilidad por deudas gananciales anteriores si la sociedad no ha sido liquidada ni inventariada y no se ha hecho adjudicación de los bienes.**

- La responsabilidad universal implica que el salario y demás bienes adquiridos por el cónyuge no deudor tras el cambio de régimen pueden ser embargados para satisfacer dichas deudas.

- Sólo con la correcta **liquidación e inventario de la sociedad de gananciales,** y el pago o inclusión de las deudas en el pasivo, cesa la responsabilidad universal y los acreedores podrán dirigirse únicamente contra los gananciales adjudicados a cada cónyuge.

2. Posibilidad de embargo de sueldo y salario del cónyuge no deudor en régimen de separación de bienes

La regla general en el régimen económico matrimonial de separación de bienes es que las obligaciones contraídas por cada cónyuge son de su exclusiva responsabilidad, tal y como establece el art. 1440.I del CC. Sin embargo, y de manera excepcional, cuando uno de los cónyuges actúe en el ejercicio de la potestad doméstica y contraiga obligaciones para atender las necesidades ordinarias de la familia, el otro responderá de manera subsidiaria de su cumplimiento en virtud de la remisión del art. 1440.II CC al art. 1319.II CC.

Esta regla se analiza en la STS n.º 51/2021, de 4 de febrero de 2021, ECLI:ES:TS:2021:293, donde vemos que, bajo el régimen de separación de bienes (art. 1440 del Código Civil), cada cónyuge responde de las deudas contraídas por sí mismo con sus bienes propios. Solamente de forma excepcional, cuando la deuda haya sido contraída por uno de los cónyuges en el ejercicio de la potestad doméstica para atender necesidades ordinarias de la familia, el otro cónyuge respondería de manera subsidiaria, y únicamente si se acredita de forma suficiente el destino familiar de la deuda (lo que corresponde probar al acreedor).

El Tribunal concluye que «(...) no puede considerarse acreditado que el préstamo concertado entre el demandante y el esposo de la demandada se destinara a satisfacer las necesidades de la familia», y reitera que la existencia del régimen de separación de bienes impide la responsabilidad del cónyuge no deudor salvo prueba concreta del destino familiar de la deuda.

En conclusión, en régimen de separación de bienes, las deudas propias de un cónyuge no permiten el embargo de bienes privativos (como el suelo) del otro cónyuge. Solamente responderán, en su caso, los bienes del cónyuge deudor y, en supuestos excepcionales según lo descrito, de manera subsidiaria los bienes destinados a cubrir necesidades ordinarias de la familia, lo cual requiere una prueba clara y suficiente.

> **RESOLUCIÓN RELEVANTE**
>
> **AAP Castellón n.º 137/2006, de 14 de septiembre, ECLI:ES:APCS:2006:459A**
>
> Bajo un régimen de separación de bienes, no procede acumular los salarios de ambos cónyuges para calcular la suma inembargable. Además, se destaca que el cambio de vecindad civil no modifica automáticamente el régimen económico matrimonial, siendo necesario realizar nuevas capitulaciones matrimoniales mediante escritura pública para alterar dicho régimen. Por lo tanto, en un régimen de separación de bienes, el embargo se limita exclusivamente al salario del cónyuge deudor, respetando los límites establecidos en el artículo 607 de la LEC.

5.9. Embargo en caso de cambio de trabajo o subrogación laboral

El embargo de salario no es una carga personal del trabajador susceptible de ser trasladada a cada pagador, sino una orden dirigida al pagador concreto con quien existe relación laboral en el momento de dictarse la diligencia de embargo.

|| 1. Embargo de salarios al trabajador en caso de cambio de empresa

Según el artículo 607 de la Ley 1/2000, de 7 de enero, de Enjuiciamiento Civil (LEC), el embargo de salarios debe ser notificado al empleador para que este proceda a realizar las retenciones correspondientes. Cuando un trabajador cambia de empresa, el nuevo empleador no tiene conocimiento ni obligación de aplicar un embargo previo, salvo que reciba una nueva orden judicial o administrativa dirigida específicamente a él. Esto implica que el organismo que ordenó el embargo debe ser informado del cambio de empleador para que pueda emitir una nueva diligencia de embargo.

A modo de ejemplo, la SJS-Oviedo n.º 504/2021, de 7 de diciembre de 2021, ECLI:ES:JSO:2021:7628, establece que, en casos de embargo, la empresa debe actuar conforme a las órdenes recibidas y no puede aplicar retenciones sin una notificación específica. Además, en el caso analizado, se menciona que un embargo realizado por la Agencia Tributaria no afectó a las nóminas de un trabajador porque este ya no prestaba servicios en la empresa en el momento de la notificación del embargo, lo que refuerza la idea de que **el embargo no se transfiere automáticamente al nuevo empleador.**

La obligación del empleador subsiste en tanto se mantenga la relación laboral con la persona afectada, cuando el obligado deja de trabajar en la empresa notificada del embargo, esta debe comunicar tal extremo al órgano que acordó la retención (artículo 172 del Reglamento General de Recaudación).

Por tanto, al cesar la relación laboral, la obligación del primer empleador termina, y corresponde al organismo acreedor solicitar la práctica del embargo, mediante nueva comunicación, al nuevo empleador si este es conocido. En defecto de ello, el embargo no se traslada automáticamente.

‖ 2. Embargo de salarios al trabajador en caso de subrogación empresarial

En la medida en que los embargos de salario previamente notificados constituyen obligaciones laborales vinculadas a las relaciones de trabajo, el nuevo empresario está obligado a continuar con la práctica de tales embargos en las mismas condiciones que el anterior, en virtud del principio general de subrogación recogido en el artículo 44 del Estatuto de los Trabajadores. Esto garantiza la protección de derechos de los acreedores y la continuidad de la ejecución sobre los salarios embargados. Por otro lado, el artículo 607 de la Ley de Enjuiciamiento Civil regula los embargos salariales y establece que estos deben ser notificados al empleador para que proceda a realizar las retenciones correspondientes. En caso de sucesión empresarial, la nueva empresa debe recibir la notificación específica del embargo para proceder con las retenciones, ya que no puede asumir automáticamente esta obligación sin una comunicación formal.

La nueva empresa, en caso de sucesión empresarial conforme al artículo 44 del Estatuto de los Trabajadores, debe subrogarse en los derechos y obligaciones laborales y de Seguridad Social del anterior empleador, incluyendo las obligaciones derivadas de embargos salariales previamente notificados. Esto implica que la nueva empresa está obligada a cumplir con la retención del salario embargado si existe una orden judicial o administrativa que así lo disponga y que haya sido debidamente comunicada. Sin dicha notificación, no puede asumir automáticamente la obligación de retener el salario embargado. (Resolución Vinculante de la DGT n.º V2657-15, de 11 de septiembre de 2015).

5.10. Concurrencia de embargos

En caso de múltiples embargos sobre un mismo sueldo o pensión, los límites del artículo 607.2 deben respetarse, incluso si existen varios acreedores.

El tema de los embargos sucesivos o simultáneos sobre pensiones periódicas plantea una problemática jurídica relevante. La cuestión relativa a los límites legales respecto al embargo de sueldos o pensiones está expresamente regulada en el artículo 607.2 de la Ley de Enjuiciamiento Civil (LEC).

Dicho precepto establece una escala según la cual sólo se pueden embargar determinadas cuantías del salario, sueldo o pensión del ejecutado que exceden del salario mínimo interprofesional, aplicando diversos porcentajes a los tramos sucesivos. El salario mínimo interprofesional es absolutamente inembargable, y las cuantías que lo excedan están sujetas a los porcentajes fijados.

En caso de que existan múltiples embargos sobre un mismo sueldo o pensión, e incluso en el supuesto de que haya varios acreedores reclamando deudas y pretendan simultanear los embargos sobre un mismo salario o pensión, la jurisprudencia y la doctrina mayoritaria señalan que siempre deben respetarse los límites del artículo 607.2 de la LEC. **No es posible aplicar en cada embargo sucesivo una nueva vez la escala legal sobre lo que reste tras el anterior embargo**. Así lo destaca, por ej, el AAP de Madrid, rec. 928/2016, de 30 de marzo del 2017, ECLI:ES:APM:2017:1867A, cuando expone:

> «(...) en el caso de que sean varios acreedores los que reclamen una deuda y ésta se ejecute mediante el embargo de un mismo sueldo o pensión, el acreedor posterior deberá esperar a que termine la primera retención del sueldo o pensión para que se inicie la suya, mostrándose contraria la jurisprudencia y la doctrina mayoritaria a permitir que a un mismo tiempo se hagan efectivos dos embargos sobre un mismo sueldo o pensión».

Igualmente, **el límite embargable no puede ser superado por la suma de varios embargos**, independientemente del número de acreedores, ni aplicarse varias veces la escala, debiendo respetarse la suma total embargada lo estipulado por el artículo 607 de la LEC.

En consecuencia, los límites previstos en el artículo 607.2 de la LEC son de aplicación conjunta y global a la totalidad de los embargos sobre un mismo salario, sueldo o pensión, de modo que la suma de todas las retenciones simultáneas no puede exceder el máximo legalmente embargable, cualquiera que sea el número de procedimientos o acreedores interesados.

Por tanto, en estas situaciones, la actuación correcta es la siguiente:

- Identificar la parte inembargable del salario (salario mínimo interprofesional).
- Aplicar los límites y tramos del artículo 607 de la LEC sobre el excedente según la escala legal y, sobre esa parte embargable, practicar el primer embargo.
- En caso de nueva orden de embargo, solo se podrá ejecutar sobre la parte no retenida previamente y nunca sobre el salario mínimo inembargable ni sobre los importes ya embargados hasta el límite máximo legal.
- Si los embargos existentes ya han agotado la cuantía máxima legalmente embargable respecto al salario o pensión percibidos, no cabrá practicar más embargos hasta que se libere la cuantía correspondiente.

- Los órganos ejecutantes (juzgados o entidades de retención como el INSS) deben coordinarse para no exceder en ningún caso los límites legales, de modo que quede siempre disponible la parte inembargable y no se sumen cantidades que superen la embargabilidad legal.

Así lo establece el AAP de Madrid, rec. 928/2016 de 30 de marzo del 2017, ECLI:ES:APM:2017:1867A: «(...) es posible que sobre un salario sobre el que se ha trabado un embargo anterior pueda recaer un nuevo embargo [...] siempre que quede un salario o pensión que exceda del salario mínimo interprofesional, aplicando la escala legal del artículo 607.2 LEC (...)».

Por último, recordar que la competencia para determinar las cantidades embargables corresponde al órgano judicial que conoce la ejecución, debiendo interpretar y aplicar los límites del art. 607 de la LEC, garantizando en todo caso el derecho a la tutela judicial efectiva y evitando la indefensión del ejecutado.

5.11. Embargo y cargas familiares

El artículo 607.4 de la Ley de Enjuiciamiento Civil (LEC) establece que, en atención a las cargas familiares del ejecutado, el Letrado de la Administración de Justicia podrá aplicar una rebaja de entre un 10 % y un 15 % en los porcentajes establecidos en los tramos 1.º, 2.º, 3.º y 4.º del artículo 607.2 de la LEC, que regulan la escala progresiva de embargos sobre salarios que superan el Salario Mínimo Interprofesional (SMI).

> «En atención a las cargas familiares del ejecutado, el Letrado de la Administración de Justicia podrá aplicar una rebaja de entre un 10 a un 15 por ciento en los porcentajes establecidos en los números 1.º, 2.º, 3.º y 4.º del apartado 2 del presente artículo».

Esta reducción no constituye una obligación, sino una facultad discrecional del Letrado de la Administración de Justicia, como se desprende de la redacción del precepto («podrá»). Por tanto, su aplicación depende de la valoración de las circunstancias personales y familiares del ejecutado, que deben ser acreditadas por este último.

El concepto de «cargas familiares» no está definido de manera específica en la normativa, pero la jurisprudencia lo ha interpretado como el conjunto de necesidades de la familia, incluyendo alimentación, educación de hijos comunes, gastos ordinarios del hogar, médicos, farmacéuticos y otros que permitan unas condiciones de vida dignas.

Para que se aplique la rebaja, el ejecutado debe aportar pruebas suficientes que acrediten sus cargas familiares, como la existencia de hijos a su cargo, gastos específicos relacionados con su sustento, vivienda, educación, entre otros. En caso de que no se aporten pruebas suficientes no se podrá aplicar la reducción.

En conclusión, la aplicación de la rebaja prevista en el artículo 607.4 de la LEC depende de la acreditación de las cargas familiares del ejecutado y de la valoración discrecional del Letrado de la Administración de Justicia, siendo una medida excepcional que debe interpretarse de forma restrictiva.

Tramo (Sobre el SMI)	Porcentaje de embargo según el art. 607.2	Porcentaje tras rebaja del 10 %	Porcentaje tras rebaja del 15 %
Para la primera cuantía adicional hasta el doble del SMI	30 %	27 %	25,5 %
Para la cuantía adicional hasta el importe equivalente al triple del SMI	50 %	45 %	42,5 %
Para la cuantía adicional hasta el importe equivalente a cuádruple del SMI	60 %	54 %	51 %
Para la cuantía adicional hasta el importe equivalente al quíntuple del SMI	75 %	67,5 %	63,75 %

A TENER EN CUENTA. El Letrado de la Administración de Justicia podrá decidir, en función de las cargas familiares, la aplicación de rebajas dentro de estos porcentajes. Las rebajas del 10 % o del 15 % se aplican directamente sobre los porcentajes de embargo de cada tramo y no sobre la cuantía embargable. Es decir, por ejemplo, el 10 % de 30 % es 3 %, por lo que el resultado será 27 % (no 20 %). Se multiplica el porcentaje por 0,9 (en caso de rebaja del 10 %) o por 0,85 (en caso de rebaja del 15 %). El artículo 607.4 de la LEC establece que la rebaja es «entre un 10 y un 15 por ciento en los porcentajes», lo que significa que hay que reducir el valor del porcentaje aplicable en ese tramo en un 10 % o un 15 %, y no restar 10 o 15 puntos porcentuales al tanto por ciento, de ahí las diferencias en los resultados. Podemos tomar como referencia la siguiente fórmula: Porcentaje embargable reducido = Porcentaje según escala × (1 − % de minoración).

RESOLUCIÓN RELEVANTE

SJCA-Logroño n.º 179/2022, de 5 de octubre del 2022, ECLI:ES:JCA:2022:7277

En el caso enjuiciado, aun habiéndose acreditado la existencia de cargas familiares (dos hijas menores a cargo y discapacidad del ejecutado), el órgano judicial señala que esto por sí solo no basta para acordar la rebaja solicitada conforme al art. 607.4 de la LEC, ya que no se ha acreditado suficientemente el montante de los gastos, la posible contribución de otro progenitor, ni las necesidades básicas de vivienda, por lo que se desestima la solicitud de rebaja.

SAN, rec. 635/2018, de 29 de enero de 2021, ECLI:ES:AN:2021:1096

La sentencia advierte que no existe un concepto legal de cargas familiares y que la acreditación de estas cargas incumbe a la parte interesada, no siendo suficiente la sola alegación.

SAP de Barcelona, rec. 898/2017, de 5 de abril de 2018, ECLI:ES:APB:2018:2088

La aplicación de la escala del artículo 607.4 de la Ley de Enjuiciamiento Civil (LEC) se realiza valorando las cargas familiares del ejecutado. La norma permite que, atendiendo a dichas cargas, el juez del concurso pueda aplicar una rebaja de entre un 10 % y un 15 % en los porcentajes de embargo establecidos en los números 1.º, 2.º, 3.º y 4.º del apartado 2 del artículo 607 LEC.

Específicamente, en el caso enjuiciado, la Sala calcula la parte del salario embargable, después de determinar la cuantía inembargable incrementada según el Real Decreto-Ley 8/2011 y sumando el porcentaje adicional contemplado por cada miembro del núcleo familiar sin ingresos propios. El resto del salario se embarga conforme a la escala del art. 607.2 LEC, pero posibilitando la reducción de los porcentajes aplicables (del 10 % al 15 %) por razón de las cargas familiares, según lo permite el apartado 4 del art. 607 de la LEC.

CUESTIÓN

¿Cómo puede solicitar el trabajador que se retenga una menor parte del salario en consideración a la existencia de cargas familiares?

Conforme a lo regulado en el artículo 607.4 de la LEC, el trabajador puede solicitar que se reduzca el porcentaje de embargo aplicado a su salario en atención a sus cargas familiares siguiendo este procedimiento:

- **Presentación de solicitud motivada:** el trabajador debe presentar un escrito dirigido al Letrado de la Administración de Justicia (o, en el ámbito administrativo, al órgano ejecutor que tramite el embargo), exponiendo la petición de que se aplique la rebaja de entre un 10 % y un 15 % en los porcentajes establecidos por el art. 607.2 LEC sobre el salario embargado, conforme al art. 607.4 LEC.

- **Acreditación de las cargas familiares:** en el escrito, el trabajador debe acreditar de forma suficiente la existencia y entidad de las cargas familiares. Esta acreditación puede realizarse mediante la aportación de documentos tales como:

  » Libro de familia o certificado de convivencia (para acreditar descendientes a cargo).

  » Resolución administrativa o judicial que acredite discapacidad, si existe.

  » Justificantes de gastos derivados del sostenimiento de la familia (alquiler, hipoteca, recibos escolares, sanitarios, etc.).

  » Documentación que pruebe la inexistencia o cuantía de las aportaciones de otros progenitores o familiares.

- **Justificación económica:** es conveniente que el trabajador detalle sus ingresos y gastos familiares habituales para poner de manifiesto su situación económica y justificar que concurre un «plus de necesidad» que justifique la rebaja.

El Letrado de la Administración de Justicia revisará la solicitud y la documentación y dictará resolución motivada concediendo o denegando la rebaja solicitada en los términos previstos por el art. 607.4 de la LEC, teniendo en cuenta que se trata de una facultad no automática, sino ponderada según las circunstancias concretas de cada caso.

5.12. Embargo de salarios en caso de pluriempleo

En pluriempleo, se suman los ingresos de todos los empleos y se aplican los límites del art. 607 LEC al total a efectos de embargo salarial.

Se entiende por pluriempleo la situación del trabajador por cuenta ajena que preste sus servicios profesionales a dos o más empresarios distintos y en actividades que den lugar a su alta obligatoria en un mismo régimen de la Seguridad Social.

En situaciones de pluriempleo (es decir, cuando el trabajador percibe dos o más salarios de distintos empleadores), la doctrina interpretativa y la práctica judicial establecen que:

- Para determinar la cuantía embargable **debe sumarse la totalidad de las percepciones salariales** del trabajador procedentes de todas las fuentes o empleadores.

- **A la suma resultante se le aplican los límites establecidos en el artículo 607 de la LEC**, fijándose el mínimo inembargable sobre el cómputo global y no sobre cada uno de los trabajos de forma independiente. Esto se fundamenta en la interpretación literal del artículo 607 de la LEC, que no distingue entre ingresos provenientes de un único empleo o de varios, sino que se enfoca en la totalidad de las percepciones del deudor.

De esta manera, se evita que la multiplicidad de relaciones laborales sirva para eludir el embargo, garantizándose así la tutela de los derechos de crédito del ejecutante sin desproteger el mínimo vital del trabajador.

RESOLUCIONES RELEVANTE

Resolución Vinculante de DGT n.º V0240-22, de 10 de febrero de 2022 y V0613-18 de 7 de marzo, y V5001-16 de 17 de noviembre.

«(...) los límites de embargabilidad del artículo 607 de la LEC deben aplicarse a la totalidad de las percepciones mensuales acumuladas, en este supuesto la liquidación complementaria y, en su caso, el importe ordinario que se vaya a satisfacer ese mes, dada la redacción del apartado 3 de dicho precepto».

AAP Madrid n.º 824/2005, de 29 de noviembre, ECLI:ES:APM:2005:11769A

Este auto confirma que, en situaciones de pluriempleo, los ingresos de diferentes trabajos deben ser acumulados para calcular la parte embargable. Si la suma de los salarios supera el SMI, se procederá al embargo conforme a los porcentajes establecidos en la escala del artículo 607.2 de la LEC. Por el contrario, si los ingresos acumulados no superan el SMI, no será posible embargar ninguna cantidad, ya que el SMI es inembargable según el artículo 607.1 de la LEC.

5.13. Embargo de salarios en caso de pluriactividad

La Resolución TEAC n.º 3517/2016, de 31 de enero de 2017, analiza los límites a la embargabilidad de los ingresos obtenidos por los abogados por los servicios prestados en el turno de oficio y asistencia letrada al detenido.

El Tribunal distingue que los ingresos percibidos por abogados del turno de oficio constituyen retribuciones derivadas de una actividad profesional y, por tanto, encajan en la expresión «ingresos procedentes de actividades profesionales autónomas» empleada por la LEC.

El hecho de que estas **percepciones no provengan de un contrato laboral, sino de un baremo y sistema público, o que sean subvencionadas, no**

altera su carácter de ingreso profesional. La protección prevista por la ley se extiende igualmente, con independencia de que sean cantidades pactadas libremente con clientes privados o fijadas por baremo de la Administración.

El TEAC rechaza interpretar el artículo 607.6 de la LEC de manera restrictiva, condicionando la aplicabilidad de los límites solo a los ingresos equiparables a salarios cuando media exclusiva dependencia de un cliente o constituyan la única o principal fuente de ingresos del deudor. La LEC no impone tales requisitos.

5.14. Embargo de salarios en caso de anticipos

Como en el supuesto anterior, en caso de varias percepciones, se acumularán todas ellas para deducir una sola vez la parte inembargable. En consecuencia, los límites de embargabilidad deben aplicarse a la totalidad de las percepciones mensuales acumuladas, esto es, a la suma del salario mensual ordinario y a los anticipos sobre salarios a percibir en el futuro.

Por tanto, se debe aplicar el límite de embargabilidad de los salarios a la totalidad de los salarios percibidos, computando tanto el salario mensual devengado como los anticipos sobre salarios futuros solicitados en atención a la literalidad y finalidad del artículo 607.3 de la Ley de Enjuiciamiento Civil y su referencia a la acumulación de todas las percepciones para la aplicación del límite. (Resolución Vinculante de DGT n.° V2034-16, de 11 de mayo).

6.
PROCESO DE EMBARGO DE NÓMINA: ¿CÓMO SE REALIZA EL EMBARGO DEL SUELDO A UNA PERSONA TRABAJADORA?

El embargo de nómina retiene parte del salario del trabajador según límites legales; el incumplimiento genera responsabilidad solidaria del empleador.

El proceso de embargo de nómina en España se regula principalmente por el artículo 607 de la Ley de Enjuiciamiento Civil (LEC) y el artículo 27 del Estatuto de los Trabajadores (ET). A continuación, se detalla cómo se realiza:

CUESTIÓN

¿Qué diferencia existe entre el embargo de nómina y el embargo en una cuenta bancaria?

El embargo de nómina se aplica directamente sobre el salario antes de que sea recibido por el trabajador, respetando los límites legales, mientras que el embargo en una cuenta bancaria afecta al saldo disponible en la cuenta, teniendo en cuenta las restricciones aplicables únicamente a los ingresos provenientes de salarios o pensiones. A modo de resumen:

Embargo de nómina: este tipo de embargo se regula principalmente por el artículo 607 de la Ley de Enjuiciamiento Civil (LEC). En este caso, se retiene directamente una parte del salario del deudor antes de que este lo reciba. Es importante destacar que el salario que no exceda el Salario Mínimo Interprofesional (SMI) es inembargable, salvo en casos de ejecución de sentencias que condenen al pago de alimentos, según el artículo 608 de la LEC. Para los salarios que superen el SMI, se aplica una escala progresiva que determina los porcentajes embargables. Este procedimiento asegura que el deudor conserve una cantidad mínima para su subsistencia.

Embargo en una cuenta bancaria: este embargo afecta directamente al saldo disponible en una cuenta bancaria del deudor. Si en dicha cuenta se ingresan sueldos, salarios o pensiones, se deben respetar las limitaciones establecidas en el artículo 607 de la LEC respecto a la parte correspondiente a estos conceptos. Sin embargo, el resto del saldo en la cuenta, que no provenga de ingresos salariales o pensiones, es embargable sin las limitaciones del artículo 607. Esto implica que el dinero en la cuenta puede proceder de diversas fuentes, y no todo estará protegido por las restricciones aplicables a los salarios.

Por su parte, el artículo 171.3 de la LGT dispone que «(...) cuando en la cuenta afectada por el embargo se efectúe habitualmente el abono de sueldos, salarios o pensiones, deberán respetarse las limitaciones establecidas en la LEC, mediante su aplicación sobre el importe que deba considerarse sueldo, salario o pensión del deudor. A estos efectos se considerará sueldo, salario o pensión el importe ingresado en dicha cuenta por ese concepto en el mes en que se practique el embargo o, en su defecto, en el mes anterior». (STS n.º 467/2024, de 15 de marzo, ECLI:ES:TS:2024:1584). Deberá ser el deudor el que demuestre este extremo.

6.1. ¿Qué debe saber la empresa al recibir una orden judicial o administrativa de embargo?

1. Naturaleza de la orden judicial o administrativa de embargo recibida y verificación de su autenticidad para evitar posibles fraudes

Con carácter general, la empresa recibirá una orden de embargo (judicial o administrativa) sobre uno de sus trabajadores debidamente acreditado. La notificación indicará la cantidad que se debe extraer de la nómina y los límites aplicables conforme al artículo 607 de la Ley de Enjuiciamiento Civil (LEC).

El primer paso será comprender la naturaleza de la diligencia de embargo. Se trata de un mandato que obliga al destinatario a retener las cantidades pendientes de pago al deudor y a ingresarlas en el organismo interesado. No implica que el destinatario sea el deudor, sino que se le requiere como colaborador en el proceso de recaudación al constar como empleador en la declaración de la renta del trabajador.

Como hemos visto, los organismos que pueden emitir una orden de embargo de los salarios de un trabajador son los siguientes:

- **Órganos judiciales:** los jueces y tribunales pueden dictar órdenes de embargo en el marco de procedimientos judiciales, como consecuencia de una sentencia firme o de medidas cautelares adoptadas para garantizar el cumplimiento de una obligación. Estas órdenes se regulan principalmente por el artículo 607 de la Ley de Enjuiciamiento Civil (LEC).

- **Administraciones públicas:** los organismos administrativos, como la Agencia Tributaria o la Tesorería General de la Seguridad Social, pueden emitir órdenes de embargo en procedimientos de apremio administrativo para el cobro de deudas tributarias, multas o cotizaciones impagadas. Este procedimiento se encuentra regulado por el Real Decreto 1415/2004, de 11 de junio, que aprueba el Reglamento General de Recaudación de la Seguridad Social.

- **Órganos de recaudación autonómicos o locales:** las haciendas autonómicas y locales también tienen competencia para emitir órdenes de embargo en el marco de procedimientos de apremio para el cobro de deudas tributarias o sanciones administrativas.

Para **verificar la autenticidad de una orden de embargo** y evitar posibles fraudes, la empresa puede seguir los siguientes pasos:

- **Comprobación del Código Seguro de Verificación (CSV):** si la orden de embargo es un documento judicial electrónico, debe incluir un Código Seguro de Verificación (CSV). Este código permite verificar la autenticidad del documento mediante el acceso a los archivos electrónicos de la oficina judicial emisora. La verificación puede realizarse a través de la Sede Judicial Electrónica (https://sedejudicial.justicia.es/), donde se introduce el CSV en el apartado correspondiente para comprobar su validez y obtener los datos de registro asociados.

- **Consulta directa con el organismo emisor:** en caso de duda, la empresa puede contactar directamente con el organismo que supuestamente ha emitido la orden de embargo (por ejemplo, un juzgado, la Agencia Tributaria o la Tesorería General de la Seguridad Social) para confirmar la autenticidad del documento. Esto es especialmente útil si el documento no incluye un CSV o si se trata de una copia en papel.

- **Revisión de los requisitos legales:** las órdenes de embargo deben cumplir con los requisitos establecidos en la legislación aplicable, como los límites de embargabilidad del salario según el artículo 607 de la LEC. La empresa puede revisar si la orden cumple con estos requisitos para descartar irregularidades.

- **Contrastar con el trabajador los datos de los que ha tenido conocimiento.**

2. Consecuencias legales para la empresa en caso de incumpliendo del embargo salarial

El incumplimiento de una orden de embargo por parte de una empresa **puede derivar en responsabilidades legales significativas**, incluyendo la obligación de asumir el pago de las deudas pendientes, sanciones económicas y posibles consecuencias administrativas. Es fundamental que las empresas cumplan estrictamente con las órdenes de embargo y respeten los límites legales establecidos para evitar estas consecuencias. A modo de ej.:

- **Responsabilidad solidaria por incumplimiento de órdenes de embargo.** Según el artículo 42.2.b) de la Ley 58/2003, General Tributaria, las personas o entidades que, por culpa o negligencia, incumplan las órdenes de embargo pueden ser declaradas responsables solidarias del pago de las deudas pendientes. Esto implica que la empresa podría ser obligada a asumir el importe de los bienes o derechos que se hubieran podido embargar o enajenar.

- **Obligación de cumplimiento estricto de las órdenes de embargo.** La empresa debe respetar los límites de embargabilidad establecidos en el artículo 607 de la Ley de Enjuiciamiento Civil, que regula los porcentajes y límites aplicables al salario embargado. Además, debe realizar el ingreso de las cantidades embargadas en la cuenta indicada por el organismo ejecutante y proporcionar copia de la transferencia al trabajador para su seguimiento.

- **Sanciones administrativas y económicas.** El incumplimiento de una orden de embargo puede ser considerado una infracción administrativa grave, especialmente si afecta la acción recaudatoria de la Hacienda Pública. Esto puede derivar en sanciones económicas adicionales, además de la responsabilidad solidaria mencionada.

CUESTIONES

1. ¿Qué requisitos o situaciones deben darse para que se declare la responsabilidad solidaria por incumplimiento de una orden de embargo de la empresa?

La STS, rec. 159/2015, de 22 de diciembre de 2016, estableció que para que se declare la responsabilidad solidaria por incumplimiento de una orden de embargo deben concurrir los siguientes requisitos al amparo de la LGR: (a) existencia de una deuda tributaria pendiente de pago, (b) incumplimiento de la orden de embargo por acción u omisión, (c) imposibilidad de trabar el bien cuyo embargo se pretendía como consecuencia de dicho incumplimiento, y (d) que el incumplimiento sea por culpa o negligencia. (STSJ Castilla y León de 275/2023, rec. 758/2021, de 03 de marzo de 2023, ECLI:ES:TSJCL:2023:658).

2. Si la empresa no aplica el embargo correctamente, ¿puede tener consecuencias?

En la STSJ de Castilla y León, rec. 758/2021, de 3 de marzo de 2023, ECLI:ES:TSJCL:2023:658, se analizó el caso de una empresa que interpretó incorrectamente las dietas como salario, aplicando los límites de embargabilidad sobre el líquido resultante. La sentencia aclaró que las dietas no tienen naturaleza salarial y son embargables sin límites. Este tipo de errores puede derivar en sanciones y responsabilidades legales para la empresa.

|| 3. Comunicación a la persona trabajadora

La normativa vigente no establece una obligación específica para las empresas de informar a los trabajadores sobre la existencia de un embargo, dado que esta situación ya debe haber sido notificada previamente por el juzgado o la administración pública correspondiente. Sin embargo, resulta aconsejable que la empresa facilite al trabajador la información necesaria sobre el embargo y, posteriormente, le entregue una copia del justificante de la transferencia realizada en concepto de embargo. Esto permitirá al trabajador realizar un seguimiento adecuado de los pagos efectuados para saldar la deuda contraída.

|| 4. La nómina es confidencial

Las nóminas de las personas trabajadores tienen consideración de datos personales y han de cumplir con lo dispuesto en el RGPD y la LOPDGDD. Para cumplir con la normativa de protección de datos en el caso de embargar la nómina de un trabajador, es necesario observar las siguientes **pautas**:

- **Confidencialidad de los datos personales:** La nómina contiene datos personales sensibles, como nombre, apellidos, dirección, NIF, número de afiliación a la Seguridad Social, categoría profesional y detalles económicos. Según el artículo 6.1 de la Ley Orgánica de Protección de Datos (LOPD), el tratamiento de estos datos requiere el consentimiento inequívoco del afectado, salvo que la ley disponga otra cosa. En este caso, el embargo de nómina es una obligación legal, por lo que no se requiere consentimiento, pero sí se debe garantizar la confidencialidad de los datos. **Solo se podrán comunicar o tratar los datos estrictamente necesarios para cumplir con el requerimiento de embargo.** Por ejemplo, al órgano ejecutor o autoridad judicial se facilitarán los datos identificativos y económicos pertinentes para la ejecución, evitando trasladar otros datos personales ajenos a la finalidad del embargo.

- **Limitación del acceso a los datos:** Los datos personales del trabajador deben ser accesibles únicamente para las personas que necesiten conocerlos para cumplir con el embargo, como el departamento de recursos humanos o el responsable de la gestión del embargo. Cualquier divulgación innecesaria de estos datos, como su publicación en tablones de anuncios o su transmisión a terceros no autorizados, constituiría una infracción de la normativa de protección de datos.

- **La empresa debe garantizar la confidencialidad de los datos salariales y del embargo**, limitando el acceso exclusivamente a las personas autorizadas (por ejemplo, personal de administración o RRHH encargado de tramitar la nómina).

- **Proporcionalidad y finalidad:** El tratamiento de los datos debe ser proporcional y limitado a la finalidad específica del embargo. Esto implica que los datos no deben ser utilizados para otros fines distintos al cumplimiento de la orden de embargo.

- **Medidas de seguridad:** Es imprescindible implementar medidas técnicas y organizativas adecuadas para proteger los datos personales contra accesos no autorizados, pérdida, alteración o divulgación indebida. Esto incluye el uso de sistemas seguros para la transmisión de información y la custodia de documentos en lugares restringidos.

- **Información al trabajador:** Aunque no se requiere su consentimiento, el trabajador debe ser informado sobre el tratamiento de sus datos personales en el contexto del embargo, incluyendo la finalidad y los destinatarios de los datos, conforme al principio de transparencia establecido en el Reglamento General de Protección de Datos (RGPD).

Es recomendable informar al trabajador respecto al tratamiento de sus datos personales en el contexto del embargo, señalando la finalidad y la base legitimadora (obligación legal).

6.2. ¿Qué debe saber la persona trabajadora si su empresa recibe una orden judicial o administrativa de embargo?

1. Notificación sobre el embargo: información sobre la cantidad a embargar y el motivo

Con carácter general, el embargo se notificará al deudor y al pagador que está obligado a retener las cantidades procedentes en cada caso. No obstante, es posible que la persona trabajadora no tenga conocimiento de su deuda, o el posible embargo de salario asociada a la misma, hasta que la empresa le comunique la notificación de apremio recibida.

En el hipotético caso de que la persona trabajadora desconociese el alcance de su deuda el servicio de recaudación de la entidad que ejecuta el embargo, aportando la documentación requerida en cada caso, facilitará los datos necesarios por teléfono, mail, mediante sede electrónica, o acudiendo a cualquiera de las oficinas al efecto de manera presencial. El número de expediente ejecutivo sobre el que se ha realizado el embargo debería proporcionar información detallada del importe embargado.

Cada diligencia de embargo contendrá los siguientes **datos**:

- NIF del deudor.
- Nombre y apellidos o razón social del deudor.
- Datos sobre el domicilio del deudor.
- NIF del pagador.
- Nombre y apellidos o razón social del pagador.
- Número de diligencia de embargo.
- Número de justificante.
- Importe de la diligencia de embargo.
- Fecha de emisión de la diligencia de embargo.

2. Incremento de la deuda

Debe tenerse en cuenta que solo una vez finalizado el procedimiento de apremio la administración está facultada para realizar actuaciones de embargo y ejecución de los bienes del deudor para el cobro de las deudas.

En relación a una posible incoación del procedimiento sancionador por infracción grave, caso de resistencia, obstrucción, excusa o negativa a las actuaciones de la administración deberá consultarse la normativa concreta infringida (a modo de ej. artículo 203 de la Ley General Tributaria).

Durante el período ejecutivo se devengan intereses de demora establecidos por Ley. Estas cantidades también serán exigidas y recaudadas mediante el procedimiento de apremio, así como las costas en las que incurra la administración como consecuencia de tener que acudir a este procedimiento de cobro (a modo de ej. artículo 113.1 del Real Decreto 939/2005, de 29 de julio, por el que se aprueba el Reglamento General de Recaudación).

|| 3. Opciones de la persona trabajadora

Una vez que la empresa recibe una orden de embargo de salario, no puede paralizar su ejecución. La empresa está obligada a cumplir con la orden judicial o administrativa que establece el embargo, siguiendo los límites y procedimientos establecidos en la normativa aplicable, como el artículo 607 de la Ley de Enjuiciamiento Civil y el artículo 27 del Estatuto de los Trabajadores.

Con carácter general en este punto **las opciones suelen ser pagar la deuda directamente o aceptar que la empresa haga la retención del salario**. No obstante, aparecen ciertas opciones para el trabajador que, en la mayor parte de los casos, requerirán asesoramiento legal:

- **Negociar un plan de pagos o intentar un acuerdo con el acreedor:** en función de la naturaleza de la deuda el trabajador podrá intentar llegar a un acuerdo para fraccionar la deuda o reducir los intereses.

- **Recurrir a al mecanismo de la segunda oportunidad:** acogerse al mecanismo de segunda oportunidad permite al deudor ver liberados sus salarios de futuros embargos por aquellas deudas que hayan quedado exoneradas, siempre que cumpla los requisitos legales y que la causa del embargo no sea una deuda excluida de exoneración. El embargo cesará por desaparecer la deuda origen del procedimiento ejecutivo.

- Todo ello se articula a través de los procedimientos previstos en la Ley 25/2015, de 28 de julio, de mecanismo de segunda oportunidad, reducción de la carga financiera y otras medidas de orden social.

    » **Exoneración de deudas:** si el deudor cumple los requisitos de buena fe y ha liquidado su patrimonio, podrá obtener la exoneración de las deudas pendientes —incluidas las que motivaron el embargo salarial—, y de esta forma cesará la vía ejecutiva sobre su salario para las deudas afectas por la exoneración.

    » **Plan de pagos, en su caso:** si no se han satisfecho ciertos créditos, la Ley permite al deudor someterse a un plan de pagos durante 5 años por las deudas no exoneradas automáticamente. Durante ese periodo, la ejecución individual se suspende respecto de los créditos sometidos al plan, quedando protegidos los ingresos salariales conforme al mismo.

    » **Limitaciones:** no serán exonerables los créditos de derecho público ni los créditos por alimentos. Por tanto, los embargos salariales derivados de estas deudas podrían subsistir.

- **Solicitar reducciones por cargas familiares:** como analizaremos a lo largo de la obra si el deudor demuestra que tiene personas a tu cargo, puede pedir una reducción en los porcentajes de embargo al amparo de lo establecido en el art. 607.4 de la LEC.

- **Pagar la deuda de forma anticipada:** si la persona trabajadora decide pagar la deuda de forma anticipada, puede solicitar la cancelación del embargo del salario, ya que este se encuentra vinculado al cumplimiento de la deuda. Una vez que la deuda se haya saldado completamente, el organismo acreedor deberá proceder al alzamiento del embargo. Es importante que el deudor comunique el pago realizado y solicite formalmente la cancelación del embargo al organismo correspondiente, aportando los justificantes del pago efectuado.

4. Mecanismos de defensa frente al embargo de salarios por parte de la persona trabajadora

El trabajador cuenta con mecanismos de defensa frente al embargo de salarios, debiendo atenerse a los motivos tasados por la ley y, en especial, al cumplimiento por parte de la Administración de sus obligaciones formales y materiales. Si el embargo se ha aplicado incorrectamente, hubiese prescrito o la ausencia de notificación ha causado indefensión al trabajador sería posible recurrirlo ante el organismo o ente que dictó el embargo. En función del órgano emisor de este, y siendo consciente de los plazos al respecto, podrá interponerse un **escrito de alegaciones o un recurso de reposición** ante la administración pública que dictó el acto o un **recurso de oposición** al embargo en el juzgado correspondiente. (A modo de ej. citamos el art. 14.2 del RD 2/2004, de 5 de marzo donde se regula el recurso de reposición para la revisión de actos en vía administrativa de las Haciendas Locales).

La impugnación puede dar lugar, en caso de estimación, a la anulación del embargo y a la devolución de las cantidades indebidamente embargadas.

A modo de ejemplo analizamos la posible actuación y normativa en caso de deuda fiscal.

El trabajador, en calidad de obligado tributario, puede recurrir el embargo de su salario interponiendo la correspondiente **reclamación económico-administrativa ante el Tribunal Económico-Administrativo Regional (TEAR) u órgano competente.** Los motivos de oposición a la diligencia de embargo están taxativamente previstos en el artículo 170.3 de la LGT y son *numerus clausus:*

- Extinción de la deuda o prescripción del derecho a exigir el pago.
- Falta de notificación de la providencia de apremio.
- Incumplimiento de las normas reguladoras del embargo contenidas en la ley.
- Suspensión del procedimiento de recaudación.

De estos, resultan especialmente relevantes para embargos de salarios la posible falta de notificación adecuada del acto que da lugar al embargo y el incumplimiento de las limitaciones legales sobre la embargabilidad de salarios previstas en la propia LGT y en la Ley de Enjuiciamiento Civil (artículo 171.3 de la LGT). En cualquier caso:

- **Suspensión del procedimiento:** la interposición de recurso no suspende por sí sola la ejecución del embargo, por lo que el embargo puede ejecutarse mientras no se acuerde la suspensión. En caso de obtenerse la suspensión (por ejemplo, aportando garantías —artículo 224 de la LGT—), se paralizarían los efectos del embargo hasta la resolución.

- **Anulación del embargo:** si la reclamación es estimada porque, por ejemplo, la diligencia de embargo fue dictada sin haberse resuelto y notificado previamente el recurso de reposición contra la providencia de apremio (según el criterio de unificación fijado por el TEAC), el acto de embargo sería anulado. Esto puede dar lugar a la devolución de lo indebidamente embargado. (Resolución de TEAC n.º 00/06635/2023/00/00, de 15 de octubre de 2024).

- **Irregularidades en la traba:** si el embargo no respeta los límites legales de inembargabilidad de salarios (por ejemplo, practicarse sobre importes superiores a lo previsto en la Ley de Enjuiciamiento Civil), podría alegarse como motivo de impugnación y, de estimarse, suponer el levantamiento total o parcial del embargo.

5. La empresa no puede despedir o sancionar al trabajador por únicamente por recibir un embargo de salario

Para que el empresario pueda despedir o sancionar al trabajador, la causa debe estar basada en un incumplimiento grave y culpable del trabajador (art. 54 ET), así como en faltas tipificadas en la norma legal o convencional aplicable a la empresa. Los principios de legalidad, tipicidad, proporcionalidad y no discriminación rigen la imposición de sanciones disciplinarias.

El hecho de que un trabajador reciba un embargo de salario no constituye por sí mismo un incumplimiento laboral ni una falta tipificada que habilite al empresario para sancionar o despedir válidamente al trabajador. El embargo de salario es consecuencia de obligaciones personales del trabajador frente a terceros y no implica, per se, un incumplimiento de sus deberes laborales ni una conducta sancionable en el marco del contrato de trabajo.

El poder disciplinario empresarial debe respetar los límites marcados por la normativa laboral y constitucional, entre ellos la prohibición de sancionar por hechos no tipificados legalmente, el respeto de la dignidad y los derechos fundamentales de la persona trabajadora, y el principio de no discriminación. Por lo tanto, **la empresa no puede despedir ni sancionar a un trabajador únicamente por haber recibido un embargo de salario, salvo que existan otras circunstancias concurrentes que constituyan una falta laboral tipificada y debidamente acreditada.**

6.3. Gestiones necesarias para el embargo y su ingreso por parte de la empresa

Cada administración o ente que solicite a una empresa el embargo de salarios de un trabajador puede establecer sus propios requisitos específicos para proceder. Sin embargo, de manera general, existen ciertas obligaciones que deben cumplirse y permiten realizar un procedimiento de embargo asegurando el cumplimiento de las obligaciones legales de la empresa y respetando los derechos del trabajador conforme a la normativa vigente:

‖ 1. Recepción de la diligencia de embargo

La empresa recibe una notificación judicial o administrativa que ordena el embargo del salario del trabajador. En esta diligencia se especifica la cuenta bancaria donde se debe ingresar el importe embargado y el procedimiento para comunicar los datos sobre dicho ingreso. Es recomendable que la empresa proporcione al trabajador copia de esta transferencia para que pueda realizar un seguimiento de los pagos realizados contra la deuda.

‖ 2. Respuesta a la diligencia de embargo: obligación de comunicar situaciones excepcionales y de responder a la orden o diligencia de embargo dentro del plazo estipulado

Es obligatorio responder a la diligencia dentro del plazo estipulado (generalmente es de 10 días hábiles desde la recepción de la notificación) que deberá constar en la notificación recibida.

La empresa debe responder a la diligencia de embargo indicando si el trabajador percibe retribuciones superiores al SMI o si no tiene cantidades pendientes de abonar. En caso de que el trabajador cause baja en la empresa, esta debe informar al organismo ejecutante sobre dicha situación. La falta de comunicación puede ser interpretada como un incumplimiento de la diligencia de embargo. Esta respuesta suele realizas mediante las distintas herramientas electrónicas de las administraciones implicadas en el embargo, utilizando un código de acceso proporcionado en la diligencia. Una vez enviada la respuesta, se genera un resguardo de presentación en formato PDF.

- **Administración Tributaria.** En el caso de la Administración Tributaria el proceso se encuentra debidamente especificado en su Sede Electrónica de la Agencia Tributaria. Siendo posible contestar mediante alguno de los siguientes sistemas de autenticación (Cl@ve PIN, Cl@ve Permanente o Cl@ve Móvil) o directamente con aportar el número de la diligencia, el NIF del obligado y el NIF de la empresa (pagador). Para otro tipo de entes, como en cualquier trámite en línea, puede resultar necesario disponer de certificado o DNI electrónico o estar registrado en alguno de los sistemas de autenticación.

- Este trámite también puede realizarse de forma presencial para lo que suele adjuntarse a la notificación un modelo al efecto.

- TGSS. La TGSS también permite dar respuesta al mandamiento de embargo dirigido a persona o entidad pagadora mediante su Sede Electrónica. Asimismo, posibilita rectificar la respuesta previamente comunicada sobre la actuación de embargo practicada por tales personas o entidades pagadoras, en cumplimiento de dicho mandamiento. También podrán consultar las respuestas formuladas, así como descargar la notificación recibida y los justificantes correspondientes a las respuestas facilitadas.

Si existieran circunstancias que le impiden practicar dichas retenciones, deberá comunicarlo de inmediato. Este será el momento para notificar aspectos que impidan el cumplimiento de la orden de embargo como que el trabajado no presta servicios ya en la empresa, que su retribución no supera el SMI o la existencia de otros embargos previos. Para proceder al abono se generará la carta de pago.

3. Obtención de cartas de pago

Si la respuesta a la diligencia es positiva, la empresa puede generar las cartas de pago correspondientes. Estas cartas se obtienen de manera individual o colectiva a través de las diferentes herramientas electrónicas, y permiten realizar el pago telemáticamente o por otros medios (internet, teléfono, presencialmente en entidades colaboradoras, etc.)].

Nuevamente, tomando como ejemplo el caso de la Agencia Tributaria, deberá realizarse la «Generación de documentos de ingreso de diligencias de Sueldos y salarios (cartas de pago). Pago individual y masivo» o la «Generación de documentos de ingreso de diligencias de Sueldos y salarios (cartas de pago). Pago individual y masivo. Con identificación»

Si se dispone de certificado electrónico, DNIe o te has registrado en Cl@ ve el pago podrá realizarse directamente a través de la pasarela de pagos de la AEAT por alguna de las siguientes opciones: **pago con adeudo en cuenta, pago con tarjeta o Bizum, y pago por transferencia.** Si se opta por la opción de pago por Internet mediante transferencia la cuenta desde la que se realice el pago debe estar abierta en una entidad de crédito colaboradora con la AEAT.

A TENER EN CUENTA. El cálculo del importe a embargar se realiza sobre el líquido a percibir por el trabajador y los límites son los que se establecen en el artículo 607 de la Ley 1/2000, de 7 de enero, de Enjuiciamiento Civil.

---

4. Retención e ingreso de las mensualidades embargadas

La empresa debe retener e ingresar a favor de la administración que solicite el embargo el sueldo, salario o pensión correspondiente al mes en que haya recibido la notificación y si no fuera suficiente, también en los sucesivos, con aplicación de las limitaciones establecidas en el artículo 607 de la Ley de Enjuiciamiento Civil que los declara inembargables hasta determinados límites del Salario Mínimo Interprofesional (SMI).

Tenga en cuenta que las distintas herramientas de cálculo disponibles pueden no estar actualizadas al SMI en vigor, no permitir diferenciar las cantidades embargables cuando existe paga extraordinaria o la posibilidad de algún tipo de reducción sobre el embargo a realizar. Para ello resulta recomendable la lectura de nuestra guía y el análisis de los casos prácticos numéricos y las posibles independencias en el cálculo del embargo de salario.

La notificación judicial o administrativa enviada a la empresa debe reflejar la cuenta bancaria en la que se debe ingresar el importe embargado y aclarar el procedimiento de comunicación de los datos sobre dicho ingreso. Por lo general el sistema informático permitirá imprimir el justificante del pago realizado.

‖ 5. Recibo del ingreso de cantidades embargadas

La empresa debe proporcionar al trabajador copia de la transferencia realizada en concepto de embargo para que pueda hacer un seguimiento de los ingresos contra la deuda contraída.

‖ 6. Reflejo en la nómina y cotización del trabajador

La mayor parte de los programas de nóminas permitirán introducir este concepto mecanizando «embargo judicial» o «embargo administrativo» en la sección de deducciones del recibo de salarios.

El embargo se realiza sobre la cantidad que resulta después de descontar la retención de IRPF y la cotización a la Seguridad Social (salario neto) por lo que no afecta a las cotizaciones a la Seguridad Social o a las retenciones para el IRPF.

‖ 7. Comunicación de cambios en la relación laboral

En caso de que el trabajador cause baja en la empresa, esta debe informar al organismo embargante sobre la extinción del contrato o cualquier otra causa que afecte la relación laboral.

7.
IMPOSIBILIDAD DE REALIZAR EL EMBARGO

El embargo de salarios está limitado por la protección del SMI, las disposiciones específicas de la LEC y la naturaleza de las percepciones, garantizando que el trabajador conserve un mínimo vital para su subsistencia.

Como hemos reiterado a lo largo de la obra, según el artículo 607.1 de la Ley de Enjuiciamiento Civil (LEC), el salario, sueldo, pensión, retribución o su equivalente que no supere la cuantía del SMI es inembargable. Esto constituye una medida de protección para garantizar el sustento básico del trabajador. No obstante, existen situaciones en las que sí se pueden embargar cantidades inferiores al SMI:

Salarios destinados a prestaciones alimenticias

El artículo 608 de la LEC, establece la excepción a la regla general:

> «Lo dispuesto en el artículo anterior no será de aplicación cuando se proceda por ejecución de sentencia que condene al pago de alimentos, en todos los casos en que la obligación de satisfacerlos nazca directamente de la Ley, incluyendo los pronunciamientos de las sentencias dictadas en procesos de nulidad, separación o divorcio sobre alimentos debidos al cónyuge o a los hijos o de los decretos o escrituras públicas que formalicen el convenio regulador que los establezcan. En estos casos, así como en los de las medidas cautelares correspondientes, el tribunal fijará la cantidad que puede ser embargada».

En virtud del artículo 608 de la Ley de Enjuiciamiento Civil (LEC), el salario mínimo interprofesional puede ser embargado para el pago de pensiones alimenticias. Esto se debe a que las prestaciones alimenticias a favor de los hijos o cónyuge del deudor tienen prioridad sobre otras deudas. En este caso, el juez puede autorizar el embargo incluso si el salario no supera el SMI. Para que encontremos esta situación es necesario (AAP de Murcia n.º 8/2012, de 12 de enero de 2012, ECLI:ES:APMU:2012:67A):

- Una resolución judicial donde se establezca la obligación de pago de alimentos reconocida a favor de los hijos o del cónyuge en la que se determine la cantidad a embargar atendiendo a las circunstancias del caso y garantizando el cumplimiento de la obligación alimenticia.

- Que se solicite el embargo del SMI en el procedimiento de ejecución de la sentencia que estableció la obligación de alimentos. Este procedimiento se regula conforme a los artículos 607 y 608 de la LEC, que permiten la ejecución directa sobre el salario del deudor.

- En caso de que el deudor no realice el pago voluntario, el juzgado puede proceder a la averiguación patrimonial y embargos.

Ingresos combinados por distintos trabajos

Si un trabajador percibe varios ingresos que, sumados, superan el SMI, el embargo puede calcularse sobre la suma total de los mismos. Aunque cada ingreso individual sea inferior al SMI, la base embargable se determina considerando el total de los ingresos.

Ingresos irregulares

Los complementos salariales o pagas extraordinarias pueden ser objeto de embargo. Aunque el salario base esté protegido, los ingresos adicionales que excedan el límite del SMI mensual o anual pueden ser embargados.

Embargo sobre prestaciones

En ciertos casos, las administraciones públicas pueden solicitar retenciones sobre ingresos inferiores al SMI. Esto se regula por normativas específicas que permiten el embargo en circunstancias excepcionales y suele asociarse al percibo de prestaciones en las que no opera el SMI si no que el límite inembargable lo marcan las pensiones no contributivas.

Conforme a la STS, rec. 3441/1999, de 30 de septiembre de 2000, ECLI:ES:TS:2000:6927, las Administraciones Públicas, en este caso la Entidad Gestora de la Seguridad Social, pueden practicar descuentos, compensaciones o deducciones sobre prestaciones periódicas (pensiones) en cuantía que sitúe la percepción final por debajo del importe del Salario Mínimo Interprofesional (SMI), cuando se trate de reintegro de prestaciones indebidamente percibidas.

El Tribunal Supremo descarta la aplicación analógica de los límites de inembargabilidad del SMI del artículo 1449 de la Ley de Enjuiciamiento Civil (LEC) para estos supuestos administrativos, indicando expresamente que no opera el límite del SMI para fijar el tope de tales descuentos («(...) el límite del salario mínimo interprofesional como tope de inembargabilidad previsto en el artículo 1449 LEC no opera para la fijación de los límites de los descuentos que las entidades gestoras hayan de practicar a los pensionistas por percibos indebidos de prestaciones»).

Sin embargo, la Sala introduce un límite basado en la garantía constitucional de la suficiencia económica y el principio de dignidad de la persona: el importe neto que reste al interesado, tras el descuento, no puede ser inferior a la cuantía anual de las pensiones de jubilación o invalidez en su modalidad no contributiva. Así, mientras el beneficiario reúna los requisitos para una pensión no contributiva, ese será el umbral de percepción mínima a respetar, aunque el plazo para el reintegro de la deuda exceda de cinco años.

8.
FINALIZACIÓN DEL EMBARGO

Mediante el embargo de sueldos, salarios y pensiones, se realiza un descuento periódico en el sueldo, salario o pensión que recibe el deudor. La empresa debe cumplir con la diligencia u orden de embargo hasta que reciba una notificación de levantamiento del embargo o una comunicación de finalización. A continuación, se añaden aspectos prácticos sobre la finalización del embargo:

- **Notificación de levantamiento del embargo:** una vez que la deuda ha sido completamente satisfecha, el organismo ejecutante (judicial o administrativo) debe emitir una notificación formal de levantamiento del embargo. Esta comunicación es esencial para que la empresa deje de realizar las retenciones en la nómina del trabajador.

> **A TENER EN CUENTA**. El embargo se mantiene hasta que se cubra la totalidad de la deuda pendiente. Por lo tanto, la empresa debe continuar con las retenciones hasta recibir la notificación oficial de levantamiento del embargo.

- **Procedimiento de ingreso del embargo:** durante el periodo de embargo, la empresa debe ingresar las cantidades retenidas en la cuenta bancaria indicada por el organismo acreedor. Es recomendable que la empresa proporcione al trabajador copia de las transferencias realizadas para que este pueda hacer un seguimiento de los pagos efectuados contra la deuda.

- **Comunicación de baja del trabajador:** en caso de que el trabajador haya causado baja en la empresa por extinción de contrato o cualquier otra causa, la empresa tiene la obligación de informar al organismo ejecutante sobre este hecho. Esto es especialmente relevante para evitar problemas en la gestión del embargo y garantizar que no se realicen retenciones indebidas.

9.
EMBARGO DE SALARIOS Y DEVOLUCIÓN DE INGRESOS INDEBIDOS: ¿QUÉ SUCEDE SI COMETEMOS UN ERROR AL REALIZAR EL EMBARGO?

Los vicios o defectos en el embargo de salarios pueden derivar de la incorrecta aplicación de los límites legales, errores en la determinación de las cantidades embargables, omisiones en el procedimiento de notificación, o la falta de consideración de circunstancias específicas como las cargas familiares o la naturaleza de las percepciones económicas. Es fundamental que el embargo se ajuste estrictamente a la normativa vigente para garantizar su validez y evitar perjuicios indebidos al trabajador.

1. Posibles vicios o defectos en el embargo de salarios en que puede incurrir la empresa

El embargo de los salarios del trabajador puede verse afectado por diversos vicios o defectos que limitan su ejecución o la hacen improcedente. Entre los principales aspectos que pueden influir en la validez del embargo se encuentran:

- **Incumplimiento del orden de embargo y respeto a los límites de inembargabilidad:** el embargo debe realizarse en los términos y límites previstos en el artículo 607 de la Ley de Enjuiciamiento Civil. Si la empresa no respeta este orden o no permite al deudor ejercer su derecho a solicitar modificaciones, se incurre en un defecto. Como hemos reiterado, según el artículo 607.1 de la Ley de Enjuiciamiento Civil (LEC), el salario mínimo interprofesional (SMI) es inembargable. Esto garantiza que el trabajador conserve una cantidad mínima para su subsistencia. Además, las cantidades que exceden el SMI están sujetas a una escala progresiva de embargo, lo que debe respetarse estrictamente para evitar irregularidades.

- Si la empresa no respeta estos límites puede incurrir en un defecto que podría ser objeto de reclamación judicial. Esto incluye la posibilidad de que el trabajador afectado solicite la nulidad del embargo o la corrección de los importes retenidos.

- **Retención parcial o incorrecta del salario embargado:** en los casos en que la empresa retiene el salario del trabajador, pero no ingresa el importe retenido, o lo hace de manera parcial, se produce un incumplimiento de la orden de embargo. Este defecto puede ser considerado como una actuación irregular que podría dar lugar a sanciones administrativas o judiciales, además de generar conflictos con el organismo ejecutante y el trabajador.

- **Errores en la determinación de las cantidades embargables:** el embargo debe aplicarse sobre el salario líquido del trabajador, excluyendo conceptos no salariales como dietas o indemnizaciones, que pueden ser embargados sin restricciones. Si se incluyen erróneamente conceptos no salariales en los límites de embargabilidad, esto constituye un defecto en la ejecución del embargo que puede derivar en reclamaciones judiciales por parte del trabajador o del organismo ejecutante, además de posibles sanciones.

- **Pagas extraordinarias:** en los meses en que se perciben pagas extraordinarias, el límite de inembargabilidad se duplica. Si no se respeta este límite, el embargo puede ser considerado defectuoso, lo que podría dar lugar a reclamaciones judiciales y ajustes en los importes retenido.

- **Cargas familiares:** en atención a las cargas familiares del trabajador, el organismo ejecutante puede aplicar una rebaja del 10 % al 15 % en los porcentajes establecidos en la escala de embargos. La omisión de este ajuste puede ser un defecto en la ejecución del embargo.

- **Notificación y procedimiento:** la empresa debe recibir una notificación clara sobre el procedimiento de ingreso del embargo y proporcionar copia al trabajador. La falta de comunicación adecuada puede generar vicios en el proceso, afectando la validez del embargo y exponiendo a la empresa a reclamaciones legales.

- **Embargo de finiquitos e indemnizaciones:** las cantidades percibidas en concepto de indemnización por despido son embargables sin límite, mientras que las cantidades del finiquito (pagas extras y vacaciones no disfrutadas) están sujetas a los límites de embargabilidad del artículo 607 de la LEC. La incorrecta aplicación de estos límites puede afectar la validez del embargo.

- **Deber de confidencialidad:** todas las personas que intervengan en el tratamiento de los datos relacionados con el embargo, incluidos los responsables y encargados del tratamiento, están sujetas al deber de confidencialidad. Este deber de confidencialidad se entiende extensible a los embargos sobre las nóminas de los trabajadores conforme al artículo 5 de la Ley Orgánica de Protección de Datos (LOPD). Esto puede dar lugar a sanciones administrativas y reclamaciones por parte del trabajador afectado.

2. ¿Quién controla la regularidad de los embargos realizados por la empresa?

La empresa a la que se notifica una diligencia de embargo de créditos (el denominado «receptor de la diligencia») tiene la obligación de informar y, en su caso, efectuar el ingreso en el Tesoro Público, con las consecuencias que comporta el incumplimiento de tales obligaciones. No obstante, en lo referente al control de la regularidad de los embargos practicados por la empresa, debemos aclarar lo siguiente:

- **La regularidad de la actuación del obligado al cumplimiento de una orden de embargo puede ser revisada en sede administrativa**, a través de los mecanismos de revisión pertinentes: recurso de reposición, vía económico-administrativa y, en su caso, contenciosa-administrativa. La Resolución del TEAC n.º 3760/2016/00/00 de 29 de Septiembre de 2016, expone:

    «(...) todo receptor de estos requerimientos que colabora con la Administración cuenta con el mecanismo de revisión pertinente tanto en sede de recurso de reposición, como en la vía económico-administrativa y en la contenciosa, para determinar si cumplen, entre otras premisas, con los requisitos de identificación, motivación y trascendencia tributaria. En buena lógica por lo tanto, el obligado al cumplimiento de una orden de embargo deberá contar con unos derechos de defensa de su propia actuación en correlación con los deberes que se le imponen, entre los que debe encontrarse la determinación correcta de la cantidad que está obligado a ingresar».

- **El control último de la regularidad corresponde, por tanto, a la Administración tributaria y a los órganos administrativos y jurisdiccionales competentes en materia de revisión y supervisión de los actos administrativos** (principalmente, los órganos económico-administrativos y, eventualmente, los tribunales contencioso-administrativos).

En resumen, la regularidad de los embargos realizados por la empresa está sujeta al control de la propia Administración Tributaria (a través de sus órganos de recaudación y sancionadores) y puede ser revisada, a instancia del afectado o de la propia empresa, por los órganos económico-administrativos y, posteriormente, por la jurisdicción contencioso-administrativa. La empresa tiene derecho a utilizar estos mecanismos para defender la corrección de su actuación en el procedimiento de embargo.

3. ¿Cómo debe actuar la empresa si comete un error a la hora de ejecutar los embargos sobre el salario?

Aplicando su doctrina general sobre la legitimación para solicitar la **devolución de ingresos indebidos derivados de la ejecución de embargos de créditos**, la empresa que comete un error al ejecutar embargos —tales como el embargo de salarios de sus trabajadores— debe proceder de la siguiente forma:

- **Identificación del error:** la empresa debe identificar y constatar que, al practicar el embargo, ha ingresado en el Tesoro Público una cantidad superior a la que debía, o que no se ha ajustado al límite legalmente embargable del salario.

- **Notificación al juzgado: si** el error implica un cobro indebido, o si se realizó una retención incorrecta, se debe notificar al juzgado o entidad que ordenó el embargo para informar sobre la situación y el proceso de rectificación.

- **Solicitud de devolución de ingresos indebidos:** en función del tipo de deuda por la que se embarga al trabajador la empresa puede estar legitimada para solicitar la devolución de la cantidad ingresada en exceso, acreditando documentalmente el error cometido, en otros casos corresponderá al trabajador solicitar la devolución de cantidades detraída indebidamente.

- **A modo de ej.**, el artículo 14 del Real Decreto 520/2005, de 13 de mayo, legitima para solicitar y obtener la devolución de ingresos indebidos a las siguientes personas o entidades:

«1. **Tendrán derecho a solicitar la devolución de ingresos indebidos** las siguientes personas o entidades:

a) Los obligados tributarios y los sujetos infractores que hubieran realizado ingresos indebidos en el Tesoro público con ocasión del cumplimiento de sus obligaciones tributarias o del pago de sanciones, así como los sucesores de unos y otros.

b) Además de las personas o entidades a que se refiere el párrafo a), la persona o entidad que haya soportado la retención o el ingreso a cuenta repercutido cuando consideren que la retención soportada o el ingreso repercutido lo han sido indebidamente. Si, por el contrario, el ingreso a cuenta que se considere indebido no hubiese sido repercutido, tendrán derecho a solicitar la devolución las personas o entidades indicadas en el párrafo a).

c) Cuando el ingreso indebido se refiera a tributos para los cuales exista una obligación legal de repercusión, además de las personas o entidades a que se refiere el párrafo a), la persona o entidad que haya soportado la repercusión.

2. **Tendrán derecho a obtener la devolución de los ingresos declarados indebidos** las siguientes personas o entidades:

a) Los obligados tributarios y los sujetos infractores que hubieran realizado el ingreso indebido, salvo en los casos previstos en los párrafos b) y c) de este apartado, así como los sucesores de unos y otros.

b) La persona o entidad que haya soportado la retención o el ingreso a cuenta, cuando el ingreso indebido se refiera a retenciones soportadas o ingresos a cuenta repercutidos. No procederá restitución alguna cuando el importe de la retención o ingreso a cuenta declarado indebido hubiese sido deducido en una autoliquidación o hubiese sido tenido en cuenta por la Administración en una liquidación o en una devolución realizada como consecuencia de la presentación de una comunicación de datos.

Cuando el ingreso a cuenta declarado indebido no hubiese sido repercutido, las personas o entidades indicadas en el párrafo a). No procederá restitución alguna cuando el importe del ingreso a cuenta hubiese sido deducido en una autoliquidación o hubiese sido tenido en cuenta por la Administración en una liquidación o en una devolución realizada como consecuencia de la presentación de una comunicación de datos, sin perjuicio de las actuaciones que deba desarrollar el perceptor de la renta para resarcir a la persona o entidad que realizó el ingreso a cuenta indebido.

c) La persona o entidad que haya soportado la repercusión, cuando el ingreso indebido se refiera a tributos que deban ser legalmente repercutidos a otras personas o entidades. No obstante, únicamente procederá la devolución cuando concurran los siguientes requisitos:

1.º Que la repercusión del importe del tributo se haya efectuado mediante factura cuando así lo establezca la normativa reguladora del tributo.

2.º Que las cuotas indebidamente repercutidas hayan sido ingresadas. Cuando la persona o entidad que repercute indebidamente el tributo tenga derecho a la deducción total o parcial de las cuotas soportadas o satisfechas por la misma, se entenderá que las cuotas indebidamente repercutidas han sido ingresadas cuando dicha persona o entidad las hubiese consignado en su autoliquidación del tributo, con independencia del resultado de dicha autoliquidación.

No obstante, lo anterior, en los casos de autoliquidaciones a ingresar sin ingreso efectivo del resultado de la autoliquidación, sólo procederá devolver la cuota indebidamente repercutida que exceda del resultado de la autoliquidación que esté pendiente de ingreso, el cual no resultará exigible a quien repercutió en el importe concurrente con la cuota indebidamente repercutida que no ha sido objeto de devolución.

La Administración tributaria condicionará la devolución al resultado de la comprobación que, en su caso, realice de la situación tributaria de la persona o entidad que repercuta indebidamente el tributo.

3.º Que las cuotas indebidamente repercutidas y cuya devolución se solicita no hayan sido devueltas por la Administración tributaria a quien se repercutieron, a quien las repercutió o a un tercero.

4.º Que el obligado tributario que haya soportado la repercusión no tuviese derecho a la deducción de las cuotas soportadas. En el caso de que el derecho a la deducción fuera parcial, la devolución se limitará al importe que no hubiese resultado deducible.

3. En los supuestos previstos en los párrafos b) y c) del apartado 1, el obligado tributario que hubiese soportado indebidamente la retención o el ingreso a cuenta o la repercusión del tributo podrá solicitar la devolución del ingreso indebido instando la rectificación de la autoliquidación mediante la que se hubiese realizado el ingreso indebido.

4. Cuando la devolución de dichos ingresos indebidos hubiese sido solicitada por el retenedor o el obligado tributario que repercutió las cuotas o hubiese sido acordada en alguno de los procedimientos previstos en el artículo 15, la devolución se realizará directamente a la persona o entidad que hubiese soportado indebidamente la retención o repercusión.

5. Cuando el derecho a la devolución corresponda a los sucesores, se atenderá a la normativa específica para determinar los legitimados para solicitar la devolución y sus beneficiarios y la cuantía que a cada uno corresponda».

- **Procedimiento administrativo:** debe presentar la correspondiente solicitud de devolución de ingresos indebidos ante el órgano de recaudación que dictó la diligencia de embargo, incluyendo la justificación del error (por ejemplo, nóminas afectadas, límites legales del embargo, cantidades ingresadas e importe correcto). Este órgano tramitará el procedimiento de devolución, que incluye la resolución de reconocimiento del derecho y el cálculo de los intereses de demora correspondientes al ingreso indebido.

- **Resolución administrativa:** una vez presentada la solicitud, la Administración deberá resolver sobre el fondo de esta, declarando, en su caso, la existencia del ingreso indebido y reconociendo el derecho a la devolución a favor de la empresa (o el trabajador). En caso de negativa, caben los correspondientes recursos en vía económico-administrativa o jurisdiccional.

Por tanto, la empresa que cometa un error al practicar el embargo sobre salarios debe solicitar directamente la devolución de ingresos indebidos, y dicho procedimiento debe ser tramitado y resuelto por la Administración conforme a la normativa que corresponda (generalmente la tributaria).

ANEXO I.
CASOS PRÁCTICOS

Caso práctico | Diferencias en el embargo salarial según pagas extraordinarias prorrateadas o no

PLANTEAMIENTO

Queremos practicar un embargo de 10.000 euros para un trabajador que recibe 21.000 euros netos anuales (pagas extraordinarias prorrateadas).

A la hora de calcular el embargo total anual, ¿influye tener las pagas extraordinarias prorrateadas o que se abonen en dos mensualidades?

RESPUESTA

En ambos casos, el embargo total anual es de 1.327,20 euros, quedando pendiente 8.672,80 euros de la deuda inicial de 10.000 euros. La diferencia radica en la distribución mensual del embargo, que es uniforme en el caso de las pagas prorrateadas y variable en el caso de las pagas extraordinarias no prorrateadas. Esto se debe a que, en los meses con paga extraordinaria, el límite de inembargabilidad se duplica, permitiendo embargar una mayor cantidad.

- En caso de recibir su salario en 12 pagas corresponde percibir 1.750 euros netos al mes. En este caso, el límite del SMI anual se prorratea entre 12 meses, y la cantidad inembargable se aplica de forma uniforme todos los meses: 110,60 euros.

SMI mensual prorrateado: 16.576/12= 1.381,33 euros.

Cantidad embargable:

- – Salario neto mensual: 1.750 euros.
- – Exceso sobre el SMI prorrateado: 1.750 - 1.381,33 = 368,67 euros.
- – Aplicando el 30 % sobre el exceso: 368,67 x 0.30 % = 110,60 euros.

Embargo total anual: 110,60 euros x 12 = 1.327,20 euros.

- En caso de recibir su salario en 14 pagas corresponden 10 meses de 1.500 euros netos al mes y 2 meses 3.000 euros (pagas extraordinarias no prorrateadas que se devengan dos veces al año). En este caso los meses sin paga extraordinaria se la embargarían 94,80 euros y con paga extraordinaria 189,60 euros. En este caso, el cálculo varía según el mes:

Meses sin paga extraordinaria:

- – Salario neto mensual: 1.500 euros
- – Exceso sobre el SMI mensual (1.184 euros): 1.500 - 1.184 = 316 euros.
- – Aplicando el 30 % sobre el exceso: 316 x 30 % = 94,80 euros.

Meses con paga extraordinaria:

- – Salario neto mensual acumulado: 3.000 euros.

- Exceso sobre el doble del SMI mensual (2.368 euros): 3.000 - 2.368 = 632 euros.
- Aplicando el 30 % sobre el exceso: 632 x 30 % = 189,60 euros.

Embargo total anual:

- Embargo en meses sin paga extraordinaria: 94,80 x 10 = 948 euros.
- Embargo en meses con paga extraordinaria: 189,60 x 2 = 379,20 euros.
- Total anual: 948 + 379,20 = 1.327,20 euros.

La **Resolución TEAC 00/1975/2022 de 17 de mayo de 2022** (unificación de criterio) ha especificado la forma de calcular el importe inembargable en los meses que, junto a la mensualidad ordinaria de sueldo, salario o pensión, se percibe una paga extraordinaria.

Caso práctico | ¿Cómo se aplica un segundo embargo sobre la nómina de un trabajador?

PLANTEAMIENTO

A un trabajador de su nómina de 1.200 euros netos, se le realiza un embargo de 110 euros al mes. Antes de haber finalizado el embargo de salarios, la empresa recibe una segunda notificación de embargo sobre la nómina.

1. ¿Se tiene que aplicar también este segundo embargo o hasta que no acabe el primero no se puede aplicar el segundo?

2. ¿Cómo y cuál se aplica primero?

3. Suponiendo que el Salario Mínimo Interprofesional (SMI) para el año 2025 asciende a 1.134 € netos mensuales y el trabajador percibe una nómina neta de 1.400 € mensuales. Cómo se determinaría el importe embargable según el art. 607 LEC en caso de un primer embargo notificado de 90 € al mes cuando, antes de finalizar el pago de este, llega un segundo embargo por 60 € al mes.

RESPUESTA

1. ¿Se tiene que aplicar también este segundo embargo o hasta que no acabe el primero no se puede aplicar el segundo?

Puede ser objeto de embargo la parte del salario que exceda del mínimo interprofesional conforme a la escala fijada por el art. 607 de la Ley de Enjuiciamiento Civil, o, dicho de otro modo, las limitaciones al embargo de salarios, sueldos y pensiones no acaban con la inembargabilidad de la cuantía correspondiente al SMI. Además, las cantidades que excedan de dicha cuantía no son embargables en su totalidad, sino tan sólo en las proporciones que se establecen en el art. 607.2 de la LEC, con arreglo a la siguiente escala:

Percepciones	Porcentajes embargables
Hasta 1 SMI	Inembargable
De 1 a 2 SMI	30 por 100
De 2 a 3 SMI	50 por 100
De 3 a 4 SMI	60 por 100
De 4 a 5 SMI	75 por 100
Exceso de 5 SMI	90 por 100

Por lo tanto, **el segundo embargo se realiza sobre el sobrante después de realizar el primero**, respetando los límites establecidos en la presente escala.

2. ¿Cómo y cuál se aplica primero?

Con carácter general se aplica el embargo que llegue en primer lugar a la empresa, no obstante:

Entre dos o más embargos de igual clase: el pagador realizará primero el embargo que llegó primero a la empresa; sobre el sueldo restante, se aplicará el segundo embargo que llegó y así sucesivamente.

Entre dos o más embargos de diferente clase: el art. 44.1 de la LGSS establece que las prestaciones de la Seguridad Social, así como los beneficios de sus servicios sociales y de la asistencia social, no podrán ser objeto de retención, sin perjuicio tributación en los términos establecidos en las normas reguladoras de cada impuesto, cesión total o parcial, compensación o descuento, salvo en los dos casos siguientes:

a) En orden al **cumplimiento de las obligaciones alimenticias** a favor del cónyuge e hijos.

b) Cuando se trate de **obligaciones contraídas por el beneficiario dentro de la Seguridad Social**.

En la práctica (a falta de una norma que lo especifique concretamente) cuando el salario supere el SMI y el embargo tenga por objeto hacer efectivas prestaciones alimenticias a favor de los hijos o cónyuge del deudor, el juez podrá autorizar el embargo de sueldos y pensiones con preferencia sobre los demás bienes y derechos excepto el dinero. Hemos de entender aplicable primero el embargo de alimentos y posteriormente los demás en base al art. 608 de la LEC, así como arts. 93 y 142 y ss. del CC, ya que se trata de una pensión alimenticia en la que prima el interés del menor. (STSJ Asturias, n.º 1900/2018, de 17 de julio, ECLI:ES:TSJAS:2018:2523).

3. Suponiendo que el Salario Mínimo Interprofesional (SMI) para el año 2025 asciende a 1.134 € netos mensuales y el trabajador percibe una nómina neta de 1.400 € mensuales. Cómo se determinaría el importe embargable según el art. 607 LEC en caso de un primer embargo notificado de 90 € al mes cuando, antes de finalizar el pago de este, llega un segundo embargo por 60 € al mes.

Determinación del importe embargable según el art. 607 LEC

Importe inembargable: hasta el SMI (1.134 €) → No se puede embargar.

Exceso sobre el SMI: 1.400 € - 1.134 € = 266 €

Según la escala legal: De 1 a 2 SMI se puede embargar el 30 % del exceso.

266 € × 30 % = 79,80 € (importe máximo embargable al mes).

Distribución entre los embargos:

El primer embargo (por notificación y fecha de entrada) se aplica sobre el importe embargable. Si la suma del primer embargo fuera menor que el máximo legal (por ejemplo, 70 €), quedaría un sobrante (79,80 € - 70 € = 9,80 €) que podría destinarse al segundo embargo.

Si el primer embargo agota el máximo legal permitido (por ejemplo, 90 €, pero solo 79,80 € pueden ser realmente retenidos), el segundo embargo no se aplica hasta que acabe el primero o quede remanente legal embargable.

En este caso concreto:

Únicamente pueden ser retenidos 79,80 € al mes en total, independientemente del número de embargos.

Se retienen 79,80 € para el primer embargo y nada para el segundo, hasta finalizar el primero.

Si el primer embargo fuera de importe menor (por ejemplo, 50 €), el segundo embargo podría aplicarse sobre el excedente hasta completar el máximo legal embargable mensual (79,80 € - 50 € = 29,80 € para el segundo embargo).

Caso práctico | Posible embargo de cantidades percibidas por el trabajador en concepto de dietas

PLANTEAMIENTO

Un trabajador percibe en su nómina mensual 14 pagas. El mes de septiembre (sin paga extraordinaria) ha percibido 2.200 euros por los siguientes conceptos:

- Salario base: 1.800 euros.

- Dietas justificadas por desplazamiento: 400 euros.

¿Qué cantidades podrían embargarse? ¿Las dietas han de excluirse de la aplicación de los límites de embargo previstos en el artículo 607 de la LEC?

RESPUESTA

De acuerdo con las consultas vinculantes de la DGT n.º V1730-10, de 27 de julio de 2010, n.º V1570-18, de 6 de junio de 2018 y n.º V2803-11 de 28 de noviembre de 2011, **las dietas que tengan la naturaleza de suplidos o indemnizaciones no se consideran salario y, por tanto, no son embargables.** Solo procede aplicar los límites de embargo sobre el salario.

Cantidad embargable:

Las **dietas (400 euros)** no forman parte del salario a efectos del artículo 607 de la Ley de Enjuiciamiento Civil (LEC) y no se les aplican los límites de inembargabilidad del art. 607 LEC. **Son embargables en su totalidad.**

El salario base (1.800 euros) es sí salario y sí **se le aplican los límites del art. 607 LEC.**

Límites legales del embargo según artículo 607 LEC:

El salario mínimo interprofesional (SMI) para 2025 se establece en 1.184 euros mensuales (14 pagas).

Los primeros 1.184 euros (SMI): Inembargable.

Resto hasta 1.800 €: 1.800 € – 1.184 € = 616 euros.

Cálculo del embargo:

Concepto	Importe (€)	Porcentaje embargable	Importe embargable (€)
Salario base (0 - 1.184 €)	1.184	0 %	0
Salario base (1.184 - 1.800 €)	616	30 %	184,80
Dietas	400	100 %	400
Total	2.200		584,80

Considerando que el importe percibido por el concepto dietas, en la nómina objeto de estudio, asciende a 400 euros, importe que sería embargable en su totalidad, y sumados a los 184,80 euros resultantes de la aplicación del artículo 607 de la LEC, nos da un total embargable de 584,80 euros.

Caso práctico | Posible embargo de cantidades percibidas en el finiquito

PLANTEAMIENTO

El trabajador «A», cuyo salario está siendo objeto de embargo en virtud de sentencia judicial, es despedido.

La empresa tiene dudas sobre cómo realizar el embargo sobre el comúnmente llamado «finiquito»: salario por los días trabajados, prorrateo de la paga extra y el importe correspondiente a las vacaciones no disfrutadas.

¿Ha de efectuarse el embargo sobre las cantidades adeudadas que serán liquidadas en finiquito? ¿Y sobre su indemnización por despido?

RESPUESTA

El finiquito puede ser objeto de embargo, ya que se integra en la retribución del trabajador y no está expresamente protegido ni exento en los términos que establece la ley respecto de determinadas indemnizaciones. No obstante, debe tenerse en cuenta la **aplicación de los límites de inembargabilidad previstos para los salarios** por la Ley de Enjuiciamiento Civil y la normativa laboral correspondiente, debiendo aplicarse los umbrales de protección en función de su naturaleza salarial y cuantía. (Resolución Vinculante de la DGT n.º V1509-19, de 21 de junio de 2019; n.º V0169-19, de 25 de enero de 2019).

En conclusión:

Las cantidades percibidas por el trabajador en concepto de **indemnización por despido podrán ser objeto de embargo sin ningún tipo de límite**.

Se considerará salario, y por tanto sujeto a los límites de embargabilidad del artículo 607 de la LEC, la totalidad de las percepciones económicas que retribuyan el trabajo efectivo, o los periodos de descanso computables como trabajo. En este caso, las **cantidades del prorrateo de pagas extras y vacaciones no disfrutadas percibidas en finiquito** tendrán la consideración de salario y, como tal, para su embargo se **aplicarán los límites y porcentajes previstos en el art. 607 de la Ley de Enjuiciamiento Civil**, relativo al embargo de sueldos y pensiones.

Caso práctico | Posible embargo de la indemnización por despido

PLANTEAMIENTO

Un trabajador que tiene un embargo exclusivamente sobre su salario se ha introducido en el ERE de extinción previo a un despido colectivo.

¿Se le puede embargar la indemnización? ¿Cómo debe actuar la empresa si la diligencia de embargo recibida se limita exclusivamente al salario?

RESPUESTA

La indemnización por despido colectivo es embargable y no está sujeta a los límites establecidos en el art. 607 de la Ley de Enjuiciamiento Civil para el embargo de salarios a un trabajador. Esto se debe a que la indemnización no tiene la consideración de salario, según lo dispuesto en el apdo. 2 del artículo 26 del Estatuto de los Trabajadores. Por tanto, las cantidades percibidas en concepto de indemnización por despido pueden ser objeto de embargo sin ningún tipo de límite.

Sin embargo, es importante destacar que, si la diligencia de embargo recibida por la empresa se limita exclusivamente al salario, no se extiende automáticamente a otros conceptos como la indemnización por despido. En este caso, **la empresa debe actuar conforme al contenido estricto de la orden administrativa y limitar el embargo a los salarios**, respetando los límites mencionados en el artículo 607 de la LEC para ese salario. Si la Administración tributaria desea proceder al embargo de la indemnización por despido, deberá remitir una nueva diligencia que lo concrete expresamente. En caso de existir dudas razonables sobre la extensión a la indemnización de despido (u otros conceptos), **es prudente y oportuno recabar instrucciones expresas del organismo embargante antes de retener cantidad alguna de la indemnización.**

Conforme a la STSJ de la de Comunidad Valenciana n.° 1177/2014, de 13 de mayo de 2014, ECLI:ES:TSJCV:2014:4772, la empresa d**ebe ceñirse a lo establecido en la diligencia de embargo recibida**, y, por tanto, solamente debe aplicar retención en las cantidades salariales, es decir, en el salario de la persona trabajadora y no en la indemnización por despido.

La sentencia citada recoge cómo, ante distintos escenarios —como el abono de una indemnización por despido—, **cada concepto ha de analizarse en atención a la orden administrativa concreta y al tratamiento legal que corresponda a su naturaleza**. La diligencia de embargo en el supuesto analizado establece solo el embargo sobre el salario, lo que implica que no se extiende a otros conceptos ajenos al salario, como la indemnización por despido.

El artículo 607 de la Ley de Enjuiciamiento Civil (LEC) regula los límites al embargo de salarios, sueldos, jornales, retribuciones o pensiones. Y aunque dicho artículo impone límites, la naturaleza de la indemnización por despido es diferente al salario: es una indemnización compensatoria, no una retribución periódica por trabajo realizado. Por tanto, salvo que la diligencia de embargo hubiera especificado expresamente el embargo sobre la indemnización por despido u otros créditos, la empresa no está facultada para retener ni trasladar a la Administración tributaria la indemnización por despido del trabajador.

En consecuencia, la empresa debe actuar conforme al contenido estricto de la orden administrativa y limitar el embargo a los salarios, respetando los límites mencionados en el artículo 607 de la LEC para ese salario. Si la Administración tributaria desea proceder al embargo de la indemnización por despido, deberá remitir una nueva diligencia que lo concrete expresamente.

Por tanto, respondiendo directamente a su consulta:

No debe retener ni trasladar la totalidad de la indemnización por despido a la Administración tributaria salvo que así lo ordene expresamente una nueva diligencia. Debe ceñirse a lo previsto en la diligencia de embargo recibida y únicamente practicar la retención sobre las cantidades salariales, conforme a los límites del artículo 607 de la LEC.

Es altamente recomendable que, en caso de duda sobre el alcance de la diligencia de embargo —especialmente cuando va a abonarse una indemnización que podría ser objeto de embargo adicional— la empresa realice una consulta escrita al órgano emisor del embargo (por ejemplo, a la Agencia Tributaria o al juzgado correspondiente). De esta forma:

- Se garantiza la seguridad jurídica de la actuación empresarial, evitando posibles responsabilidades por aplicar un embargo indebidamente.

- Se ofrece al trabajador claridad sobre la actuación empresarial y se cumplen las obligaciones propias de colaboración con la Administración sin extralimitarse respecto a los derechos salariales y extra-salariales.

Caso práctico | Comunicación a la Seguridad Social en caso de imposibilidad de realizar embargo de salario

PLANTEAMIENTO

Hemos recibido una notificación de la Seguridad Social de una diligencia de embargo de salario de un trabajador. Tiene un contrato parcial y su sueldo neto no llega al SMI, por lo que no da lugar a aplicar el embargo.

¿Hay que hacer algún tipo de comunicación a la Seguridad Social?

RESPUESTA

Aunque no es obligatorio comunicar la imposibilidad de realizar el embargo, hacerlo es una práctica recomendable para evitar problemas futuros. La empresa debe actuar conforme a las instrucciones de la diligencia de embargo, documentar todas las actuaciones realizadas y, en caso de dudas, consultar directamente con el organismo emisor.

En este caso se recomienda:

- **Comunicación formal a la Seguridad Social:** aunque no existe una obligación legal explícita de comunicar la imposibilidad de realizar el embargo cuando el salario del trabajador no supera el SMI, es recomendable hacerlo para evitar posibles interpretaciones de incumplimiento por parte de la empresa. Según el artículo 607 de la Ley de Enjuiciamiento Civil, el salario que no exceda del SMI es inembargable. Por tanto, la empresa puede enviar una comunicación formal a través de la Sede Electrónica de la TGSS, explicando que el salario del trabajador no alcanza el SMI y que, en consecuencia, no procede realizar el embargo. Esto asegura transparencia y colaboración con la Administración.

- **Procedimiento de respuesta:** la empresa debe seguir las instrucciones contenidas en la diligencia de embargo recibida. En la notificación, el organismo acreedor suele indicar el procedimiento para comunicar los datos sobre el ingreso o, en este caso, la imposibilidad de realizar el embargo. Es importante cumplir con este procedimiento para evitar sanciones o responsabilidades.

- **Documentación de la actuación empresarial:** es aconsejable conservar copia de la comunicación enviada a la Seguridad Social y cualquier respuesta recibida. Esto proporciona evidencia de que la empresa actuó de manera diligente y conforme a la normativa aplicable. Además, se debe informar al trabajador afectado sobre la situación y las gestiones realizadas, garantizando transparencia en la relación laboral.

- **Consulta en caso de dudas:** si la empresa tiene dudas sobre el alcance de la diligencia de embargo o sobre cómo proceder, puede realizar una consulta escrita al organismo emisor del embargo (en este caso, la Seguridad Social). Esto refuerza la seguridad jurídica de la actuación empresarial y evita posibles errores en la interpretación de la normativa.

Caso práctico | Aplicación de límites de embargabilidad en caso de trabajador en IT con pagas extra no prorrateadas

PLANTEAMIENTO

Una empresa ha recibido una orden de embargo por 500 euros sobre el salario de un trabajador contratado a jornada completa, con pagas extraordinarias no prorrateadas en situación de incapacidad temporal (IT). ¿Cómo debe aplicar los límites de embargabilidad un mes ordinario? ¿y los meses de pagas extraordinarias? ¿influirá la situación de IT en el embargo?

Retribución neta en IT sin aplicar el embargo: 2.410 euros (importe real percibido por el trabajador ese mes, incluyendo solo la retribución ordinaria pues las pagas extraordinarias se abonan en sus meses correspondientes).

Retribución neta en IT en el mes de paga extraordinaria sin aplicar el embargo: 4.800 euros.

Pagas extraordinarias: 2 al año, no prorrateadas.

Salario Mínimo Interprofesional (SMI) 2025: 1.184 euros/mes (14 pagas) o 1.381,33 euros (12 pagas).

RESPUESTA

Conforme a la **Resolución Vinculante DGT n.º V1015-25 de 17 de junio de 2025 y al artículo 607 de la LEC**, en el caso de trabajadores con pagas extraordinarias no prorrateadas, el límite inembargable mensual embargable se calcula sobre el cómputo anual prorrateado, incluso aunque el trabajador esté en IT. Por tanto:

Para realizar el embargo de nómina en este caso es necesario tener en cuenta:

Si se trata de 14 pagas (2 veces al año se perciben pagas extras): el sueldo inembargable será de 1.184 euros.

Si se trata de 12 pagas (en caso de recibir las pagas extra se perciben prorrateadas mes a mes): **el sueldo inembargable será de 1.381,33 euros.** [SE APLICA COMO LÍMITE DEL SMI x 14/12].

> **A TENER EN CUENTA.** En ambos casos el importe total embargable anualmente es el mismo.
>
> SMI 2025: 1.184 euros.
>
> Doble del SMI 2025: 1.184 euros x 2 = 2368 euros.

a) Determinación de la cuantía inembargable un mes ordinario (EMBARGO MES SIN PAGA EXTRAORDINARIA)

Nómina neta en IT (14 pagas) MES SIN PAGAS EXTRA: 2.410,18 euros.

El primer SMI mensual es inembargable: 1.184,00 euros.

Se aplicaría el segundo tramo (30 %):

Excedente susceptible de embargo: 2410,18 - 1.184,00 = 1.226,18 euros.

1.184,00 x 30 % = **355,20 euros embargables.**

Se aplicaría el tercer tramo (50 %):

Excedente susceptible de embargo: 2410,18 - 2.368,00 = 42,18 euros.

42,18 € x 50 % = **21,09 euros embargables.**

TOTAL EMBARGO MESES SIN PAGAS EXTRAORDINARIAS: 355,20 + 21,09 = 376,29 euros.

Un mes sin paga extraordinaria (2.410,18 euros), siguiendo los límites y tramos legales aplicables, la cantidad máxima embargable es de 37**6,29 euros.**

b) Determinación de la cuantía inembargable un mes donde se percibe paga extraordinaria (EMBARGO MES CON PAGA EXTRAORDINARIA)

Nómina neta en IT (14 pagas) MES CON PAGAS EXTRA: 4.800 euros.

Pagas extraordinarias: Cuando llegue el mes de abono de la paga extraordinaria, **el límite inembargable en ese mes será el doble del SMI mensual** (1.184 € x 2 = 2.368 €), aplicando la escala sobre el excedente respecto a ese importe.

Situación de IT: El hecho de estar en IT no modifica el sistema de cálculo del saber embargable, aplicando siempre el SMI mensual vigente como el umbral protegido.

El mínimo inembargable será el doble del SMI 2025: 2.368 euros.

Se aplicaría el segundo tramo [Hasta el importe equivalente a un tercer SMI mensual (1.184 euros, tramo de 2.368,01 a 3.552 euros): 30 %]**:**

Excedente susceptible de embargo: De 2.368,01 a 3.552 euros = 1.183,99 euros:

1.183,99 x 30 % = **355,20 euros embargables.**

Se aplicaría el tercer tramo [Hasta el cuarto SMI mensual (1.184 euros, tramo de 3.552,01 a 4.736 euros: 50%]**:**

Excedente susceptible de embargo: De 3.552,01 a 4.736 euros = 1.183,99 euros:

1.183,99 € x 50% = **591,99 euros embargables.**

Se aplicaría el cuarto tramo [Exceso sobre 4.736 euros: 60%]**:**

Excedente susceptible de embargo: 4.800 - 4.736 = 64 euros

64 euros x 60 % = **38,40 euros embargables.**

TOTAL EMBARGO MESES CON PAGAS EXTRAORDINARIAS: 355,20 + 591,99 + 38,40 = 985,59 euros.

Un mes con paga extraordinaria (4.800 euros), siguiendo los límites y tramos legales aplicables, la cantidad máxima embargable es de 985,59 euros.

Caso práctico | Posible embargo de salario a un trabajador a tiempo parcial que cobra la parte proporcional del SMI

PLANTEAMIENTO

El trabajador «A», con contrato a tiempo parcial de media jornada y con un salario de 567 euros, recibe una carta de la Administración donde se le notifica que se procederá a embargar parte de su salario.

¿Es esto correcto?¿Debe de prorratearse la parte del SMI inembargable cuando el trabajador presta servicios a media jornada?

RESPUESTA

El salario mínimo interprofesional es inembargable en su totalidad independientemente de que el trabajador preste sus servicios a tiempo completo o parcial. En consecuencia, **no procede el prorrateo del SMI a efectos de embargo cuando el trabajador preste servicios a tiempo parcial.**

El apdo. 2 del art. 27 del ET establece que: «El salario mínimo interprofesional, en su cuantía, tanto anual como mensual, es inembargable (...)». Por su parte, el art. 607.1 de la LEC dispone que:

> «1. Es inembargable el salario, sueldo, pensión, retribución o su equivalente, que no exceda de la cuantía señalada para el salario mínimo interprofesional».

Respecto de la cuestión de si tiene que prorratearse la parte del SMI inembargable cuando el trabajador no presta servicios a tiempo completo, la DGT, en su Resolución Vinculante de DGT n.º V2788-23 de 16 de octubre de 2023, ha sido clara: **el SMI es inembargable en su totalidad independientemente de que el trabajador preste sus servicios a tiempo completo o parcial.**

Cuando se realiza una jornada inferior a la completa, el hecho de que el cálculo de la cuantía que se corresponde con el SMI deba realizarse de manera proporcional al tiempo efectivamente trabajado no significa que deba también prorratearse el referido salario de cara a la práctica del embargo. Se trataría de cosas distintas.

Caso práctico | Determinación de los límites de embargo en situaciones con más de 14 pagas

PLANTEAMIENTO

Un trabajador percibe un salario compuesto por 12 pagas ordinarias mensuales y 4 pagas extraordinarias de importe igual, es decir, un total de 16 pagas anuales.

En un determinado mes, el trabajador percibe una paga ordinaria mensual y una paga extraordinaria: 2.800 € (1.400 € de paga ordinaria + 1.400 € de paga extraordinaria).

¿Cómo se calcularía un posible embargo en su nómina?

RESPUESTA

Salario Mínimo Interprofesional (SMI) 2025: importe anual: 18.504 € (equivalente a 1.320 €/mes x 14 pagas).

Cálculo del límite mensual de inembargabilidad ajustado a 16 pagas: siguiendo la Resolución Vinculante de la DGT n.º V0742-24, de 16 de abril de 2024, cuando existen 16 pagas iguales, el SMI anual (18.504 € en 2025) se divide entre 16, resultando 1.156,50 € como límite de inembargabilidad mensual.

SMI anual / 16 = 18.504 € / 16 (total de pagas percibidas en el año) = 1.156,50 €.

Mes con doble percepción (salario ordinario + paga extraordinaria): el límite será el doble del prorrateo mensual.

Límite de inembargabilidad (resultado de dividir el SMI anual entre 16 y multiplicar por 2) = 1.156,50 € x 2 = 2.313,00 €.

Ejemplo concreto:

1. Meses CON paga extraordinaria

El trabajador percibe en ese mes 2.800 € (1.400 € de paga ordinaria + 1.400 € de paga extraordinaria).

Importe percibido en el mes: 2.800 €

Límite inembargable: 2.313,00 €

Cantidad embargable: 2.800 € - 2.313 € = **487 € (exceso sobre el límite inembargable).**

Porcentaje 30 %.

Aplicación de la escala del artículo 607 de la LEC al exceso: para la primera cuantía adicional hasta el doble del SMI mensual ajustado (en este caso, ya superado por el cálculo del límite especial), al exceso se le aplican los tramos según corresponda. Desde el punto de vista práctico, si sólo hay ese exceso sobre el límite, al ser la franja del 30 %, se aplicará:

Embargo mensual mes con paga extraordinaria: 487 € x 30 % = 146,10 €.

2. Meses SIN paga extraordinaria:

- – Límite inembargable: 1.156,50 €
- – Si el trabajador percibe 1.400 €, la cantidad embargable será 1.400 € - 1.156,50 € = **243,50 € (exceso sobre el límite inembargable).**
- – Porcentaje 30 %.

Embargo mensual mes sin paga extraordinaria: 243,50 € x 30 % = 73,05 €.

En relaciones laborales con 16 pagas anuales, se debe dividir el SMI anual entre 16 para obtener el importe mensual inembargable. En los meses en los que se perciba salario ordinario más paga extraordinaria, el límite será el doble de dicha cuantía. El exceso sobre dichos límites se embargará conforme a la escala del artículo 607 de la LEC.

Caso práctico | Embargo de salario aplicando la rebaja del artículo 607.4 de la LEC

PLANTEAMIENTO

Una empresa ha recibido una orden de embargo por 500 euros sobre el salario de un trabajador con pagas extraordinarias no prorrateadas . ¿Cómo debe aplicar los límites de embargabilidad un mes ordinario? ¿Y los meses de pagas extraordinarias? ¿Cómo se aplica la rebaja del 10 % sobre las cantidades embargables decidida por el LAJ?

Retribución neta sin aplicar el embargo: 2.410 euros (importe real percibido por el trabajador ese mes, incluyendo solo la retribución ordinaria pues las pagas extraordinarias se abonan en sus meses correspondientes).

Retribución neta en el mes de paga extraordinaria sin aplicar el embargo: 4.800 euros.

Pagas extraordinarias: 2 al año, no prorrateadas.

Salario Mínimo Interprofesional (SMI) 2025: 1.184 euros/mes (14 pagas) o 1.381,33 euros (12 pagas).

Aplicación de la rebaja del 10 % sobre las cantidades embargables.

RESPUESTA

Conforme a la Resolución Vinculante DGT n.º V1015-25 de 17 de junio de 2025 y al artículo 607 de la LEC, en el caso de trabajadores con pagas extraordinarias no prorrateadas, el límite inembargable mensual se calcula sobre el cómputo anual prorrateado, aplicando, además, en este caso, la rebaja del 10 % sobre los tramos embargables decidida por el LAJ. Por tanto:

La cuantía inembargable cada mes equivale a 1.184 euros salvo en los meses donde además se percibe paga extraordinaria, en los que el mínimo inembargable es 2.368 euros (SMI x 2, aplicable a la suma de salario ordinario + paga extraordinaria).

Hasta el triple del SMI: 45 % (en vez de 50 %).

- Hasta el cuádruple del SMI: 54 % (en vez de 60 %).
- Hasta el quíntuple del SMI: 67,5 % (en vez de 75 %).
- Exceso: 90 %.

Segundo tramo: 1.184 € x 27 % = 319,68 €.

Tercer tramo: 42 € x 45 % = 18,90 €.

Total embargable: 319,68 € + 18,90 € = 338,58 €

Cantidad a retener: 338,58 € (la deuda total es 500 €; en este mes solo es posible detraer hasta esa suma).

2. Mes de paga extraordinaria (salario neto 4.800 €)

Cuantía inembargable (SMI x 2): 2 x 1.184 € = 2.368 €.

Excedente del salario: 4.800 € - 4.736 € = 64 € (al 54 %).

Segundo tramo: 1.184 € x 27 % = 319,68 €.

Tercer tramo: 1.184 € x 45 % = 532,80 €.

Cuarto tramo: 64 € x 54 % = 34,56 €.

Caso práctico | Posible embargo de salario en caso de baja en la empresa a mitad de mes

PLANTEAMIENTO

Un trabajador percibe un salario mensual de 1.800 euros. Durante el mes en curso, causa baja laboral el día 15, recibiendo únicamente la parte proporcional de su salario correspondiente a los días trabajados, que asciende a 900 euros. Sobre este salario recae una orden de embargo judicial.

La empresa se pregunta cómo debe aplicarse el límite de embargabilidad establecido en el artículo 607 de la Ley de Enjuiciamiento Civil (LEC), considerando que el trabajador no ha percibido el salario completo del mes.

RESPUESTA

No procede prorratear el SMI como límite en función de los días trabajados dentro del mes; el límite es siempre el SMI mensual íntegro.

La norma, no establece ningún distingo o proporción en la aplicación del límite de embargabilidad referido al SMI en relación a aquellas situaciones en las cuales el devengo de las cantidades percibidas en concepto de salario no lo haya sido por el mes íntegro. En consecuencia, la referencia al SMI mensual fijado por la normativa como límite a la embargabilidad del artículo 607 de la LEC se debe aplicar de forma íntegra a todas las percepciones acumuladas mensuales del trabajador que tuvieran la consideración de sueldos y salarios sin distingo o proporción en función del tiempo mensual en el que se hayan devengado dichas percepciones.

En este ejemplo, si el SMI mensual es 1.184 € brutos en 14 pagas (según el RD SMI para 2025) y el trabajador tan solo percibe 900 € brutos por haber trabajado quince días, el criterio legal y administrativo es claro:

El salario percibido por el trabajador (900 €) es inferior al importe íntegro del SMI mensual (1.184 €).

El importe total de lo percibido es, por tanto, inembargable, dado que no excede del SMI mensual fijado normativamente, aunque corresponda a sólo parte del mes trabajado.

No corresponde realizar ninguna deducción por embargo judicial sobre la cantidad recibida en ese mes.

Esta interpretación es conforme con la Resolución Vinculante de Dirección General de Tributos, V3125-18 de 04 de diciembre de 2018 y V2029-16, de 11 de Mayo.

ANEXO II.
FORMULARIOS

Comunicación por parte de la empresa a la TGSS de la imposibilidad de realizar embargo en nómina por existir concurrencia de embargos sobre el mismo salario

Modelo por el que la empresa notifica a la TGSS la imposibilidad de realizar un segundo embargo por estar embargando ya los porcentajes de la escala del art. 617 de la LEC el sueldo del trabajador.

Cuando la empresa reciba un nuevo embargo, ha de comunicar (al titular de este cuando tenga sus datos, al juzgado —o TGSS en caso de ser el Organismo encargado de la recaudación—) que ese trabajador está pagando un embargo previo y la fecha posible de finalización de este.

A LA DIRECCIÓN PROVINCIAL DE LA TESORERÍA GENERAL DE LA SEGURIDAD SOCIAL DE [PROVINCIA] (1)

D./D.ª [NOMBRE], mayor de edad, con DNI n.º [DNI], quien interviene en su condición de [REPRESENTANTE] de la empresa [NOMBRE_EMPRESA], con domicilio en [DOMICILIO_SOCIAL], ante esta Dirección Provincial de la Tesorería General de la Seguridad Social comparece y como mejor proceda en derecho

DICE

PRIMERO.- Que el día [FECHA] se ha recibido en el domicilio social de la empresa [NOMBRE_EMPRESA], notificación de embargo por la cantidad de [CANTIDAD] euros sobre el salario del trabajador/a D./D.ª [NOMBRE_TRABAJADOR_A] con DNI n.º [DNI] por parte de la Dirección Provincial de la Tesorería General de la Seguridad Social de [PROVINCIA].

SEGUNDO.- Que actualmente el/la trabajador/a actualmente percibe una remuneración de [CANTIDAD] euros mes según el convenio colectivo [CONVENIO_COLECTIVO_APLICABLE].

TERCERO.- Que sobre las anteriores cantidades se está aplicando en la actualidad un embargo desde [FECHA], como se ordenaba en la notificación/diligencia de embargo n.º [NÚMERO] recibida por esta mercantil por parte del [ORGANISMO].

CUARTO.- Que respetando lo establecido en el art. 607 de la Ley 1/2000, de 7 de enero, de Enjuiciamiento Civil resulta imposible el embargo dado que cuando existan varios acreedores embargantes, han de respetarse los límites que señalaba en el citado precepto, de tal modo que, si existen varias deudas y una sola de las retenciones ya abarca tal límite, no son acumulables las sucesivas que deban hacerse en este caso a D./D.ª [NOMBRE_TRABAJADOR_A].

QUINTO.- El término del citado embargo en curso se encuentra previsto para [FECHA]. Fecha en la que, previsiblemente, podrá ser de aplicación el nuevo embargo solicitado por este organismo.

Por lo expuesto,

SOLICITA A ESA DIRECCIÓN PROVINCIAL DE LA TESORERÍA GENERAL DE LA SEGURIDAD SOCIAL:

Que tenga como no posible el embargo en las condiciones solicitadas en la notificación/diligencia de embargo n.º [NÚMERO] y no considere la ausencia de este como un incumplido por la mercantil.

[FIRMA_Y_SELLO_EMPRESA]

La empresa.

En [LOCALIDAD], a [DÍA] de [MES] de [AÑO].

---

(1) Dirigir notificación a organismo que solicite el embargo de la nómina del trabajador.

Modelo de comunicación de la empresa a la TGSS informando de la imposibilidad de realizar embargo en nómina por percibir cantidades salariales por importe del Salario Mínimo Interprofesional

Con ayuda del siguiente modelo la empresa podrá notificar a la Tesorería General de la Seguridad Social (TGSS) la imposibilidad de realizar embargo sobre la nómina del trabajador por percibir este las cantidades salariales correspondientes al Salario Mínimo Interprofesional. A pesar de no tratarse de una notificación obligatoria se recomienda su utilización para evitar que **la empresa incurra en responsabilidad subsidiaria** de la deuda por incumplimiento de embargo.

A efectos del embargo de salarios, sueldos, pensiones, retribuciones o sus equivalentes y de prestaciones económicas reconocidas al deudor por la Seguridad Social o por cualquier organismo o entidad pública, según el Real Decreto 1415/2004, de 11 de junio, por el que se aprueba el Reglamento General de Recaudación de la Seguridad Social, se estará a lo dispuesto en los artículos 27.2 del texto refundido de la Ley del Estatuto de los Trabajadores y 607 de la Ley 1/2000, de 7 de enero, de Enjuiciamiento Civil.

A LA DIRECCIÓN PROVINCIAL DE LA TESORERÍA GENERAL DE LA SEGURIDAD SOCIAL DE [PROVINCIA] **(1)**

D./D.ª [NOMBRE], mayor de edad, con DNI n.º [DNI], quien interviene en su condición de [REPRESENTANTE] de la empresa [NOMBRE_EMPRESA], con domicilio en [DOMICILIO_SOCIAL], ante esa Dirección Provincial de la Tesorería General de la Seguridad Social comparece y como mejor proceda en Derecho **DICE**:

PRIMERO.- El día [FECHA] se ha recibido en el domicilio social de la empresa [NOMBRE_EMPRESA], notificación de embargo por la cantidad de [CANTIDAD] euros sobre el salario del trabajador/a D./D.ª [NOMBRE_TRABAJADOR_A] con DNI n.º [DNI].

SEGUNDO.- El trabajador actualmente percibe una remuneración de [CANTIDAD] euros mes según el convenio colectivo [CONVENIO_COLECTIVO_APLICABLE], cantidad que coincide con lo establecido en el Real Decreto [ESPECIFICAR], por el que se fija el salario mínimo interprofesional para [AÑO].

TERCERO.- Siguiendo lo dispuesto en los artículos 27.2 del texto refundido de la Ley del Estatuto de los Trabajadores y 607 de la Ley 1/2000, de 7 de enero, de Enjuiciamiento Civil resulta imposible el embargo dado que su retribución no supera el salario mínimo interprofesional en las condiciones que posibilitarían el embargo según la citada normativa.

Por lo expuesto

SOLICITA:

Tenga como no posible el embargo en las condiciones solicitadas en la notificación de embargo núm. [NÚMERO] y no considere la ausencia de este como un incumplido por la mercantil.

[FIRMA]

En [LOCALIDAD], a [DÍA] de [MES] de [AÑO].

---

(1) Dirigir notificación a Organismo que solicite el embargo de la nómina de la persona trabajadora.

Escrito de comunicación de la empresa al trabajador de orden de embargo de sueldo en su contra

Tal como dispone el apdo. 2 del art. 27 del Estatuto de los Trabajadores, «El salario mínimo interprofesional, en su cuantía, tanto anual como mensual, es inembargable. A efectos de determinar lo anterior se tendrán en cuenta tanto el periodo de devengo como la forma de cómputo, se incluya o no el prorrateo de las pagas extraordinarias, garantizándose la inembargabilidad de la cuantía que resulte en cada caso. En particular, si junto con el salario mensual se percibiese una gratificación o paga extraordinaria, el límite de inembargabilidad estará constituido por el doble del importe del salario mínimo interprofesional mensual y en el caso de que en el salario mensual percibido estuviera incluida la parte proporcional de las pagas o gratificaciones extraordinarias, el límite de inembargabilidad estará constituido por el importe del salario mínimo interprofesional en cómputo anual prorrateado entre doce meses.»

Por su parte, determina el art. 607.1 de la Ley de Enjuiciamiento Civil que es inembargable el salario, sueldo, pensión, retribución o su equivalente, que no exceda de la cuantía señalada para el salario mínimo interprofesional.

Teniendo en cuenta lo expuesto, el siguiente modelo permitirá a la empresa advertir al trabajador de la periódica retención de una determinada cantidad económica del total de su nómina mensual con motivo de la orden de embargo emitida contra él.

En [LUGAR], a [DIA] de [MES] de [AÑO]

[NOMBRE_EMPRESA]

D./D.ª: [NOMBRE_TRABAJADOR].

DNI: [DNI_TRABAJADOR].

GRUPO PROFESIONAL: [GRUPO_PROFESIONAL].

PUESTO DESEMPEÑADO: [PUESTO_LABORAL_TRABAJADOR].

Muy Sr/Sra. Nuestro/a:

La dirección de esta empresa le comunica por medio del presente escrito que se ha recibido en el departamento de recursos humanos notificación de los autos [NÚMERO] del juzgado de lo social/sección de lo social del tribunal de instancia **(1)** de [PROVINCIA], por la que se establece una **orden de embargo de su sueldo y cualquier otro emolumento** que Vd. perciba por parte de la mercantil, en una cuantía mensual de [CANTIDAD] euros.

Para el cálculo de la cantidad especificada se han seguido los parámetros legales establecidos en el apdo. 2 del art. 27 del Estatuto de los Trabajadores y apdo. 1 del art. 607 de la Ley de Enjuiciamiento Civil, donde se establece que el salario mínimo interprofesional, en su cuantía, es inembargable como medida protectora del salario frente a los acreedores del trabajador.

Con base en lo anterior, a partir de la nómina del próximo mes de [MES] se empezará a realizar la retención ordenada por el Juzgado que se extenderá, inclusive, hasta su nómina del mes de [MES].

Sin otro particular que comunicarle, reciba un cordial saludo,

[SELLO_FIRMA_EMPRESA]

La empresa
Recibí:

[FIRMA]

D./D.ª [NOMBRE_TRABAJADOR].

---

(1) Por la reforma realizada por la LO 1/2025, de 2 de enero, una vez implantados de forma efectiva los tribunales de instancia (D.T. 1.ª), todas las referencias realizadas a los juzgados unipersonales se entenderán realizadas a las secciones del orden jurisdiccional correspondiente de los tribunales de instancia.

Modelo de comunicación por parte de la empresa a la TGSS de la imposibilidad de realizar embargo en nómina explicando que el trabajador ya no presta servicios en la empresa

El siguiente modelo sirve al propósito de notificar a la Tesorería General de la Seguridad Social la imposibilidad de realizar embargo sobre la nómina de un trabajador que ya no presta servicios en la empresa. A pesar de no tratarse de una notificación obligatoria, se recomienda su utilización para evitar que **la empresa incurra en responsabilidad subsidiaria** de la deuda por incumplimiento de embargo.

A efectos del embargo de salarios, sueldos, pensiones, retribuciones o sus equivalentes y de prestaciones económicas reconocidas al deudor por la Seguridad Social o por cualquier organismo o entidad pública, según el Real Decreto 1415/2004, de 11 de junio, por el que se aprueba el Reglamento General de Recaudación de la Seguridad Social, se estará a lo dispuesto en los artículos 27.2 del texto refundido de la Ley del Estatuto de los Trabajadores y 607 de la Ley 1/2000, de 7 de enero, de Enjuiciamiento Civil.

A la Dirección Provincial de la Tesorería General de la Seguridad Social de [PROVINCIA] **(1)**

D./D.ª [NOMBRE], mayor de edad, con DNI n.º [DNI], quien interviene en su condición de [REPRESENTANTE] de la empresa [NOMBRE_EMPRESA], con domicilio en [DOMICILIO_SOCIAL], ante esta Dirección Provincial de la Tesorería General de la Seguridad Social comparece y como mejor proceda en Derecho

DICE

Primero.- El día [FECHA] se ha recibido en el domicilio social de la empresa [NOMBRE_EMPRESA], notificación de embargo por la cantidad de [CANTIDAD] euros sobre el salario de D./D.ª [NOMBRE_TRABAJADOR_A] con DNI n.º [DNI].

Segundo.- El/la trabajador/a actualmente no se encuentra prestando servicios en la empresa desde [FECHA]. Fecha en la que [ESPECIFICAR] **(2)**. Adjuntándose como doc. núm 1 y 2 los [ESPECIFICAR] **(3)**

Por lo expuesto

SOLICITA:

Tenga como no posible el embargo en las condiciones solicitadas en la notificación/diligencia de embargo núm. [NÚMERO] a D./D.ª [NOMBRE_TRABAJADOR_A] por no prestar servicios para la mercantil y no considere la ausencia de este como un incumplido por parte de esta.

En [LOCALIDAD], a [DÍA] de [MES] de [AÑO].

[FIRMA]

_____

(1) Dirigir notificación a Organismo que solicite el embargo de la nómina del trabajador.

(2) Especificar motivos de la baja en la empresa. A modo de ejemplo: «fue despedido por motivos disciplinarios», «dimitió por motivos personales», etc.

(3) A modo de ejemplo: «carta de despido y justificante de su baja en la Seguridad Social como trabajador/a de la empresa con fecha de [FECHA]»

Escrito al tribunal de instancia comunicando la imposibilidad de efectuar embargo de nómina por percibir cantidades salariales equivalentes al Salario Mínimo Interprofesional

Se comunica al tribunal que no es posible embargar la nómina del trabajador ya que su salario equivale al SMI, según las leyes laborales y procesales vigentes.

AL TRIBUNAL DE INSTANCIA DE [LOCALIDAD] (1)

D./D.ª [NOMBRE], mayor de edad, con DNI n.º [DNI], en calidad de [REPRESEN-TANTE] de la empresa [NOMBRE_EMPRESA], con domicilio social en [DOMICILIO_SOCIAL], comparece ante ese Juzgado y, como mejor proceda en Derecho,

DIGO

PRIMERO.- En fecha [FECHA], esta empresa ha recibido en su domicilio social notificación emitida por ese tribunal de instancia relativa a orden de embargo por importe de [CANTIDAD] euros sobre el salario del trabajador/a D./D.ª [NOMBRE_TRA-BAJADOR_A], con DNI n.º [DNI_TRABAJADOR_A].

SEGUNDO.- Que el trabajador percibe en la actualidad una remuneración mensual de [CANTIDAD] euros, conforme al convenio colectivo aplicable [CONVENIO_CO-LECTIVO], coincidente con la cuantía fijada por el Real Decreto [ESPECIFICAR] que determina el salario mínimo interprofesional para el año [AÑO].

TERCERO.- Conforme a lo dispuesto en los apdo. 2 de los artículos 27 del texto refundido de la Ley del Estatuto de los Trabajadores y 607 de la Ley 1/2000, de 7 de enero, de Enjuiciamiento Civil, resulta imposible ejecutar el embargo ordenado, al no superar la remuneración del trabajador la cuantía correspondiente al salario mínimo interprofesional establecida legalmente. Por tanto, la empresa no puede proceder a ningún descuento sobre su nómina en concepto de embargo.

Por lo expuesto,

SOLICITO AL TRIBUNAL DE INSTANCIA:

Que tenga por presentado este escrito, se sirva admitirlo y, en vista de lo expuesto, se sirva **tener por comunicada la imposibilidad de efectuar el embargo sobre la nómina del trabajador/a D./D.ª** [NOMBRE_TRABAJADOR_A]**,** no considerándose por esta mercantil incumplida la diligencia de embargo notificada bajo el expediente/auto n.º [NÚMERO DE REFERENCIA].

En [LOCALIDAD], a [DÍA] de [MES] de [AÑO].

[FIRMA]

---

(1) Este escrito debe dirigirse directamente al tribunal que haya dictado la orden de embargo de la nómina del trabajador. Por la reforma realizada por la LO 1/2025, de 2 de enero, una vez implantados de forma efectiva los tribunales de instancia (D.T. 1.ª), todas las referencias realizadas a los juzgados unipersonales se entenderán realizadas a las secciones del orden jurisdiccional correspondiente de los tribunales de instancia.

Escrito al tribunal de instancia solicitando la reducción del embargo sobre salarios por cargas familiares

En atención a las cargas familiares del ejecutado, el letrado de la Administración de Justicia podrá, al amparo del art. 607.4 de la LEC, aplicar una rebaja de entre un 10 a un 15 por ciento en los porcentajes establecidos en los tramos 1.º, 2.º, 3.º y 4.º del art. 607.1 de la LEC en los que el sueldo percibido supera el SMI.

Formulario por el que se solicita una reducción del embargo sobre el salario o prestaciones análogas (jornales, retribuciones o pensiones) atendiendo a las cargas familiares que soporta el ejecutado.

AL TRIBUNAL DE INSTANCIA [ESPECIFICAR] **DE** [LOCALIDAD] **(1)**

Autos: [NÚMERO].

Ejecución: [NÚMERO].

D./D.ª [NOMBRE_LETRADO_O_GRADUADO_SOCIAL], letrado/a [o graduado social] en ejercicio, con despacho abierto en [LOCALIDAD] C/[CALLE] el cual tengo designado a efectos de comunicaciones, en nombre y representación de D. [NOMBRE_CLIENTE] en virtud de la representación acreditada, ante el tribunal de instancia de [LOCALIDAD], en los presentes autos, seguidos a instancia de D./D.ª [NOMBRE_CLIENTE], contra D./D.ª [NOMBRE_PARTECONTRARIA] sobre [ESPECIFICAR] y como mejor proceda en Derecho,

DIGO

PRIMERO.- Que por auto de fecha [FECHA], el tribunal al que nos dirigimos resolvió despachar ejecución sobre los bienes y derechos propiedad de D./D.ª [NOMBRE_PARTECONTRARIA], al objeto de hacer efectivo el pago de [CANTIDAD] euros, adeudado en concepto de [DESCRIPCIÓN].

SEGUNDO.- Que, de acuerdo con los artículos 606.2, 607 y 621.3 de la Ley 1/2000, de 7 de enero, de Enjuiciamiento Civil (LEC), procede el embargo de sueldo **(2)** recibido por D./D.ª [NOMBRE_PARTECONTRARIA], en base a la escala establecida en el 607.7 de la LEC, lo que supone una cantidad mensual de [CANTIDAD] euros/mes durante un periodo de [ESPECIFICAR] meses/años.

TERCERO.- Que, en atención a las cargas familiares del ejecutado, el letrado de la Administración de Justicia podrá, al amparo del art. 607.4 de la LEC, aplicar una rebaja de entre un 10 a un 15 por ciento en los porcentajes establecidos en los tramos 1.º, 2.º, 3.º y 4.º del art. 607.1 de la LEC en los que el sueldo percibido **(2)** supera el SMI.

CUARTO.- Que, resultando de aplicación al solicitante la carga de la prueba de las circunstancias personales-familiares para acogerse al beneficio legal que supone reducir la retención ordenada judicialmente en base al artículo 217 de la LEC y siendo el concepto de «carga familiar» un concepto jurídico indeterminado, esta parte considera su existencia en base a:

- [DESCRIPCIÓN]. **(3)**
- [DESCRIPCIÓN].

Por lo expuesto,

SOLICITO AL TRIBUNAL DE INSTANCIA:

Que tenga por presentado este escrito y su copia, sírvase admitirlo, y acuerde, En atención a las cargas familiares expuestas aplicar una rebaja de entre un 10 a un 15 por ciento en los porcentajes establecidos en los números 1.º, 2.º, 3.º y 4.º del apartado 2 del artículo 607 de la LEC para los diversos tramos en que el sueldo percibido supera ese SMI. Todo ello por estimarlo conforme al art. 607.4 de la LEC.

En [LUGAR], a [DIA] de [MES] de [AÑO].

[FIRMA]

---

(1) Por la reforma realizada por la LO 1/2025, de 2 de enero, una vez implantados de forma efectiva los tribunales de instancia (D.T. 1.ª), todas las referencias realizadas a los juzgados unipersonales se entenderán realizadas a las secciones del orden jurisdiccional correspondiente de los tribunales de instancia.

(2) Especificar según corresponda: sueldo, salario, pensión, retribución o su equivalente.

(3) Especificar circunstancias, datos y hechos específicos alegados y acreditados por el solicitante en función de su situación personal reflejando supuestos estrictamente familiares como: existencia de familia numerosa, parientes en situación de dependencia, etc.; u otro tipo de cargas que afecten a la capacidad económica del demandado para atender necesidades como: pago de hipotecas, alquileres, otros embargos soportados por el demandado, gastos de desplazamiento para acudir al puesto de trabajo, etc.

Escrito al tribunal de instancia solicitando el embargo de sueldo salario, sueldo, pensión, retribución o equivalente del deudor

La sección de lo civil del tribunal de instancia puede acordar el embargo de salarios de un trabajador, pero dicho embargo queda sujeto a los límites y normas de inembargabilidad previstos en la Ley de Enjuiciamiento Civil (arts. 606 y siguientes), con el objetivo de no privar al trabajador de los recursos mínimos para su subsistencia.

Modelo para solicitar la ejecución el embargo del salario, sueldo, pensión, retribución o equivalente (arts. 27.2 del ET y art. 607, 621.3 y 606.2 de la LEC).

AL JUZGADO DE PRIMERA INSTANCIA/SECCIÓN DE LO CIVIL DEL TRIBUNAL DE INSTANCIA DE [LOCALIDAD] (1)

Autos: [NÚMERO_AUTOS].

Ejecución: [NÚMERO_EJECUCIÓN].

D./D.ª [NOMBRE_ABOGADO_CLIENTE], Letrado en ejercicio, [DOMICILIO] el cual tengo designado a efectos de comunicaciones, correo electrónico [EMAIL], teléfono [FIJO O MOVIL] en nombre y representación de D./Dña. [NOMBRE_CLIENTE], en virtud de la representación acreditada, ante el juzgado de primera instancia/sección de lo civil del tribunal de instancia de [LOCALIDAD], en los presentes autos, seguidos a instancia de D./D.ª [NOMBRE_CLIENTE] contra D./D.ª [NOMBRE_PARTECONTRARIA] sobre [ESPECIFICAR] y como mejor proceda en Derecho

DIGO

Que, de acuerdo con los artículos 606.2, 607 y 621.3 de la Ley de Enjuiciamiento Civil, **SOLICITO EL EMBARGO DEL SALARIO de D./D.ª** [NOMBRE_TRABAJADOR_EMBARGAGO] en base a los siguientes

MOTIVOS

Primero. Por Auto de fecha [FECHA], el juzgado de primera instancia/sección de lo civil del tribunal de instancia (1) al que nos dirigimos resolvió despachar ejecución sobre los bienes y derechos propiedad de D./D.ª [NOMBRE_PARTECONTRARIA], al objeto de hacer efectivo el pago de [CANTIDAD] euros, adeudado en concepto de [DESCRIPCIÓN].

Segundo. [DESCRIPCIÓN]. **(2)**

Tercero. De acuerdo con los artículos 606.2, 607 y 621.3 de la Ley de Enjuiciamiento Civil, procede el embargo de sueldo (salario, pensión, retribución o su equivalente) recibido por D./D.ª [NOMBRE_PARTECONTRARIA], en base a la escala establecida en el 607.7 del LEC, lo que supone una cantidad mensual de [CANTIDAD] euros/mes durante un periodo de [ESPECIFICAR] meses/años.

Cuarto. De acuerdo con el art. 27 del ET, «El salario mínimo interprofesional, en su cuantía, tanto anual como mensual, es inembargable. A efectos de determinar lo anterior se tendrán en cuenta tanto el periodo de devengo como la forma de cómputo, se incluya o no el prorrateo de las pagas extraordinarias, garantizándose la inembargabilidad de la cuantía que resulte en cada caso. En particular, si junto con el salario mensual se percibiese una gratificación o paga extraordinaria, el límite de inembargabilidad estará constituido por el doble del importe del salario mínimo interprofesional mensual y en el caso de que en el salario mensual percibido estuviera incluida la parte proporcional de las pagas o gratificaciones extraordinarias, el límite de inembargabilidad estará constituido por el importe del salario mínimo interprofesional en cómputo anual prorrateado entre doce meses».

Por lo expuesto,

SOLICITO AL JUZGADO DE PRIMERA INSTANCIA/SECCIÓN DE LO CIVIL DEL TRIBUNAL DE INSTANCIA que, tenga por presentado este escrito y su copia, sírvase admitirlo, y acuerde lo siguiente:

A) Acuerde el embargo del sueldo (salario, pensión, retribución o su equivalente) que D./Dña. [NOMBRE_PARTECONTRARIA], con DNI núm. [NÚMERO], perciba de [NOMBRE_EMPRESA], con dirección [DIRECCION_EMPRESA], y CIF núm. [NÚMERO], hasta haber cumplido con el pago total de la deuda existente con mi mandante, que asciende a la citada cantidad de [CANTIDAD] euros.

B) Solicito que el método de pago sea [INDICAR LA QUE CORRESPONDE]

– A efectos del artículo 607.7 de la LEC, se solicita que las cantidades embargadas, que el Juzgado determine según las reglas establecidas en la Ley de Enjuiciamiento Civil, sean transferidas directamente a mi mandante a la siguiente cuenta corriente [NÚMERO], cuya titularidad ostenta. **(3)**

– *Libre Atto. Oficio a dicha Entidad Mercantil ordenándole que con carácter mensual se proceda a retener de la nómina de D./Dña.[NOMBRE_CLIENTE] la cantidad mensual que el Juzgado determine según las reglas establecidas en la Ley de Enjuiciamiento Civil, y se transfieran a la Cuenta de Depósitos y Consignaciones, hasta hacer cumplido pago de la deuda exigida.*

Todo ello por estimarlo conforme a Derecho y ser justicia que pido.

En [LUGAR], a [DIA] de [MES] de [AÑO]

[FIRMA]

---

(1) Por la reforma realizada por la LO 1/2025, de 2 de enero, una vez implantados de forma efectiva los tribunales de instancia (D.T. 1.ª), todas las referencias realizadas a los juzgados unipersonales se entenderán realizadas a las secciones del orden jurisdiccional correspondiente de los tribunales de instancia.

(2) Reflejar cantidades que el ejecutado recibe periódicamente susceptibles de ejecución. A modo de ejemplo: Que, con posterioridad a ser dictada la Resolución citada, esta parte ha tenido conocimiento de que el ejecutado, presta sus servicios, por cuenta ajena, en la empresa [NOMBRE_EMPRESA], con dirección [DIRECCIÓN EMPRESA], y CIF núm. [NÚMERO], percibiendo una retribución mensual de [CANTIDAD] euros.

(3) Art 607.7 «LEC Las cantidades embargadas de conformidad con lo previsto en este precepto podrán ser entregadas directamente a la parte ejecutante, en la cuenta que ésta designe previamente, si así lo acuerda el Letrado de la Administración de Justicia encargado de la ejecución.

En este caso, tanto la persona o entidad que practique la retención y su posterior entrega como el ejecutante, deberán informar trimestralmente al Letrado de la Administración de

Justicia sobre las sumas remitidas y recibidas, respectivamente, quedando a salvo en todo caso las alegaciones que el ejecutado pueda formular, ya sea porque considere que la deuda se halla abonada totalmente y en consecuencia debe dejarse sin efecto la traba, o porque las retenciones o entregas no se estuvieran realizando conforme a lo acordado por el Letrado de la Administración de Justicia.

Contra la resolución del Letrado de la Administración de Justicia acordando tal entrega directa cabrá recurso directo de revisión ante el Tribunal».

Escrito al tribunal de instancia solicitando el embargo de sueldo salario, sueldo, pensión, retribución o equivalente del cónyuge no deudor

Se solicita al tribunal el embargo del salario del cónyuge no deudor, al no ser suficientes los bienes privativos, según LEC y Código Civil.

AL TRIBUNAL DE INSTANCIA DE [CIUDAD] (1)

D./D.ª [NOMBRE_PROCURADOR_CLIENTE], Procurador/a de los Tribunales y de D./D.ª [NOMBRE_CLIENTE], con DNI [NÚMERO] y domicilio en [DOMICILIO], representación que acredito mediante copia de poder que acompaño como documento n.º [NÚMERO], actuando bajo la dirección técnica de D./D.ª [NOMBRE_ABOGADO_CLIENTE], Abogado/a de ICA de [LUGAR], colegiado/a n.º [NÚMERO], ante este Tribunal comparezco y, como mejor proceda en Derecho,

DIGO

Que, por medio del presente escrito, y al amparo de lo dispuesto en el artículo 607 de la Ley de Enjuiciamiento Civil (LEC), solicito el **EMBARGO DE BIENES GANANCIALES POR DEUDA CONSORCIAL,** incluyendo el salario del cónyuge no deudor, con base en los siguientes:

HECHOS

PRIMERO. Por Auto de fecha [FECHA], el juzgado de primera instancia/sección de lo civil del tribunal de instancia (1) al que nos dirigimos resolvió despachar ejecución sobre los bienes y derechos propiedad de D./D.ª [NOMBRE_PARTECONTRARIA], al objeto de hacer efectivo el pago de [CANTIDAD] euros, adeudado en concepto de [DESCRIPCIÓN].

SEGUNDO. De acuerdo con los artículos 606.2, 607 y 621.3 de la Ley de Enjuiciamiento Civil, procede el embargo de sueldo (salario, pensión, retribución o su equivalente) recibido por D./D.ª [NOMBRE_PARTECONTRARIA], en base a la escala establecida en el 607.7 del LEC, lo que supone una cantidad mensual de [CANTIDAD] euros/mes durante un periodo de [ESPECIFICAR] meses/años.

TERCERO. Esta parte ha recibido comunicación el pasado [FECHA] de la imposibilidad del embargo del salario de D./D.ª [NOMBRE_PARTECONTRARIA], en base a [ESPECIFICAR].

CUARTO. El deudor contrajo matrimonio con D/D.ª [NOMBRE_CÓNYUGE] el [FECHA] en [LUGAR], bajo el régimen económico matrimonial de gananciales, según consta [ESPECIFICAR].

QUINTO. Siguiendo los artículos 1373, 1362 y 1365 del Código Civil, si los bienes privativos del deudor no son suficientes para cubrir la deuda, el acreedor podrá pedir el embargo de bienes gananciales. **(2)**

Por lo expuesto,

SOLICITO AL JUZGADO DE PRIMERA INSTANCIA/SECCIÓN DE LO CIVIL DEL TRIBUNAL DE INSTANCIA, teniendo por presentado este escrito, con los documentos que lo acompañan y sus copias, se sirva admitirlo, y tras los trámites oportunos, acuerde el embargo de bienes gananciales, incluyendo el salario del cónyuge no deudor, conforme a lo dispuesto en el artículo 607 de la LEC y el artículo 1373 del Código Civil.

Es justicia que pido en [LOCALIDAD], a [DÍA] de [MES] de [AÑO].

[FIRMAS]

---

(1) Por la reforma realizada por la LO 1/2025, de 2 de enero, una vez implantados de forma efectiva los tribunales de instancia (D.T. 1.ª), todas las referencias realizadas a los juzgados unipersonales se entenderán realizadas a las secciones del orden jurisdiccional correspondiente de los tribunales de instancia.

(2) Asimismo, el artículo 1373 del Código Civil permite al cónyuge no deudor solicitar la sustitución de bienes comunes por la parte que ostenta el cónyuge deudor en la sociedad conyugal.

Escrito de oposición por el cónyuge no ejecutado al embargo de bienes gananciales

Este formulario sirve para garantizar los derechos procesales y patrimoniales del cónyuge no ejecutado, evitando embargos indebidos sobre bienes gananciales y asegurando el respeto de la normativa vigente sobre la responsabilidad de bienes en el matrimonio.

AL TRIBUNAL DE INSTANCIA DE [LOCALIDAD] **(1)**

D./D.ª [NOMBRE_PROCURADOR_CLIENTE] Procurador/a de los Tribunales número de colegiado [NÚMERO], en nombre y representación de Don/Doña [NOMBRE_CLIENTE] según tengo acreditado en los presentes autos de Ejecución de Título Judicial seguidos bajo número [AUTOS_NUMERO], bajo la dirección letrada de **D./D.ª** [NOMBRE_ABOGADO_CLIENTE], colegiado núm. [NÚMERO] por el ICA de [LUGAR], ante el tribunal de instancia y como mejor proceda en derecho,

DIGO

Que, por medio del presente escrito, y dentro del plazo de [PLAZO_DIAS] concedido en auto de fecha [FECHA], al amparo del artículo 562.1.3° de la Ley de Enjuiciamiento Civil, presento mi **OPOSICIÓN** al embargo de bienes gananciales en la ejecución contra **Don/Doña** [NOMBRE_PARTECONTRARIA] con base en las siguientes,

ALEGACIONES

PRIMERA.- Se han embargado sueldos de mi representado/a como bienes gananciales para responder subsidiariamente de la deuda ejecutiva de su cónyuge Don/Doña [NOMBRE_PARTECONTRARIA] de carácter privativo, contraída con la empresa [NOMBRE].

SEGUNDA.- Se ha notificado el embargo para que se ejercite la opción, por mi representado/a, de pedir la disolución de la sociedad de gananciales, y sustituir el embargo trabado por el de la parte del ejecutado en aquélla, pero la sustitución sólo procede ante la falta o insuficiencia de bienes privativos del cónyuge deudor, como establece el **artículo 1.373 del Código Civil**, y no es el caso, ya que Don/Doña [NOMBRE_PARTECONTRARIA], cuenta con la propiedad de los siguientes bienes:

- [DESCRIPCIÓN].
- [DESCRIPCIÓN].

(Se adjuntan como **documentos n.º** [NUMERO] **y** [NUMERO]).

La SAP de A Coruña, rec. 2112/200 de 14 de julio:

«1).- La sociedad de gananciales carece de personalidad jurídica y, por esto, no es ella quien contrae obligaciones sino los cónyuges, y habrá dos deudores o uno, pero tres patrimonios sobre los que hacer efectiva la responsabilidad (el común o ganancial y los privativos de los respectivos cónyuges).

2).- Durante la vigencia del régimen de gananciales, los arts. 1362 a 1374 del Código Civil regulan lo que es a cargo de los gananciales y, por tanto, responsabilidad "definitiva" (en términos generales, con algunas excepciones o condiciones: casos de los arts. 1362, 1363 y 1364), de lo que, no siendo de su cargo sino de un cónyuge, se responde ("externamente" o "provisionalmente") con los gananciales (sin perjuicio de reintegros ínter-cónyuges), hayan sido contraídas las deudas por ambos (art. 1367), o por uno solo (deudas "domésticas" arts. 1365. 1°-primera parte y 1319; otras "gananciales" arts. 1365 -restante, 1366 y 1368 a 1371; y las "particulares" o "privativas" art. 1373).

3).- Lo fundamental en la materia es que los acreedores podrán dirigirse contra bienes privativos o gananciales, sin perjuicio de los reintegros posteriores entre los cónyuges a costa de la masa ganancial o ésta a costa del patrimonio privativo (arts 1364, 1403).

4).- El art. 1373 del Código Civil se refiere a deudas u obligaciones propias o particulares de uno solo de los cónyuges que no son carga ni responsabilidad de la sociedad de gananciales. No obstante, y como ya hemos adelantado, esa norma (y el art. 144 del Reglamento Hipotecario) claramente permite a los acreedores perseguir y embargar (preventiva o definitivamente) bienes gananciales en defecto o insuficiencia de bienes privativos del deudor, si bien que notificándolo al cónyuge no deudor que no ha sido parte en el proceso para que pueda ejercitar la facultad que le concede dicho precepto (en ese sentido: STS de 19-7-1989, 2-7-1990, 22-12-1995, 12-1-1999, etc, y otras muchas que hacen aplicación de ello). Es lógico porque, a fin de cuentas, el deudor responde con todos sus bienes presentes y futuros (art. 1911 del Código Civil) y también es titular del patrimonio ganancial.

5) En el Fundamento de Derecho 4° de la sentencia apelada se hace una reseña de jurisprudencia reiterada y tradicional en orden a la improcedencia de la tercería de dominio por el otro cónyuge para liberar el embargo y ejecución de los bienes gananciales. Los argumentos giran alrededor de:

a) La naturaleza jurídica de la sociedad de gananciales, carente de personalidad jurídica (STS de 9-7-1984), en mano común de tipo germánico (STS de 4-3 y 29-4-1994), en la que el derecho que ostentan los cónyuges afecta indeterminadamente al objeto, sin atribución de cuotas ni facultad de pedir la división material mientras dura la sociedad, a diferencia de lo que sucede con el condominio romano, con cuotas definidas y en donde cabe el ejercicio de la división de la cosa común, y por eso, en la sociedad de gananciales, no se es dueño de la mitad de los bienes comunes, sino que ambos, conjuntamente, tienen la titularidad del patrimonio ganancial, afirmación reforzada por el art. 1344 del Código Civil, siendo inalienable la hipotética participación que todo cónyuge tiene sobre cada bien integrante del patrimonio común, debido a que tanto éste como la condición de comunero es inseparable de la de cónyuge (RDGRN de 2-2-1983).

b) Porque, vigente el régimen ganancial, el cónyuge no es "tercero", careciendo, por tanto, de legitimación activa para ejercitar la tercería de dominio:

- Ya, según lo dicho antes, por no tratarse de un régimen de copropiedad de tipo romano o por cuotas ideales de los arts. 392 y siguientes del Código Civil, ni tener atribuida la mitad de concretos bienes gananciales (STS de 4-2-1988, 4-3 y 29-4-1994). (En ocasiones se solicitaba alzar el embargo de la supuesta mitad proindivisa del bien trabado ganancial).

- Ya por desconocerse el remanente hasta la liquidación y adjudicación, correspondiendo entre tanto a cada cónyuge un "derecho expectante", sin perjuicio de otra clase de acciones o impugnaciones contra los actos del esposo/a ilegales o fraudulentos (STS de 29-12-1987, 13-7 y 26-9-1988, 4-3 y 29-4-1994, 8-7-1997, 30-12-1999); o, dicho en su equivalente negativo, por no acreditarse en estos casos el "dominio exclusivo y excluyente" sobre el bien trabado (STS de 20-11-1958).

- Ya por resultar esencial en las tercerías de dominio examinar, antes que la propiedad de los bienes, el tema de si el tercerista es "tercero", es decir, no deudor (incluída la no vinculación del bien trabado al pago según los arts. 1362 y siguientes) (STS de 2-2 y 10-12-1984, 26-1 y 15-2-1985, 20-2 y 21-11-1987, 26-1-1988, 16-11 y 30-11-1990, 30-1-1992, 13-4-1993, 18-3-1995, 4-2-1999)».

TERCERA.- Nos encontramos ante un supuesto de extensión objetiva de la ejecución a terceros no legitimados pasivamente en el título ejecutivo, establecido en el **artículo 538.3 de la Ley de Enjuiciamiento Civil**, por lo que el cónyuge no deudor tienen los mismos medios de defensa que el ejecutado, como establece el **artículo 541.4 de la Ley de Enjuiciamiento Civil**, y entre los cuales se encuentra, el escrito para remediar la infracción cometida del **artículo 562.1.3° de la Ley de Enjuiciamiento Civil**.

En este sentido, la **SAP de Ourense, rec. 77/2018, de 17 de octubre de 2018:**

«El propio Tribunal Supremo, en sentencia de 3 de junio de 1988 proclama que 'como se deduce del artículo 1373, cada cónyuge responde prioritariamente en orden a las deudas que le sean propias con su patrimonio personal, sin posibilidad de afectar a las comunes por la sola voluntad de uno de ellos, cual proclama el artículo 1367, al establecer que los bienes gananciales responderán en todo caso de las obligaciones contraídas por los dos cónyuges conjuntamente o por uno de ellos con el consentimiento del otro, revelando con esa genérica normativa que no responden, también genéricamente, de obligación contraída por uno de ellos sin el consentimiento del otro'.

Para establecer las deudas pendientes a cargo de la sociedad que han de integrar el pasivo del inventario, el criterio básico al que hay que atender es la clase de acto a través del cual se ha contraído la deuda. Al efecto el artículo 1362, en su número 1, incluye las deudas contraídas en atenciones de previsión acomodadas a los usos y circunstancias de la familia; el número 2, determina que son de cargo de la sociedad de gananciales los gastos que se originen en la adquisición, tenencia y disfrute de los bienes comunes, y el número 3, la administración ordinaria de los bienes privativos».

Por todo ello,

SUPLICO AL TRIBUNAL DE INSTANCIA que, tenga por presentado este escrito, con los documentos y copias que se acompañan, los admita, y resuelva **alzar el embargo sobre los bienes gananciales de mi representado/a D./D.ª** [NOMBRE_CLIENTE] y se sustituya por los bienes privativos de la parte ejecutada.

Por ser Justicia que pido en, [LUGAR] a [DIA] de [MES] de [ANIO]

[FIRMAS]

---

(1) Por la reforma realizada por la LO 1/2025, de 2 de enero, una vez implantados de forma efectiva los tribunales de instancia (D.T. 1.ª), todas las referencias realizadas a los juzgados unipersonales se entenderán realizadas a las secciones del orden jurisdiccional correspondiente de los tribunales de instancia.

Escrito de contestación a la AEAT por diligencia de embargo de salarios

Durante el procedimiento de apremio, la Agencia Tributaria requerirá el pago durante el periodo voluntario, si el obligado tributario no efectuara el pago dentro del plazo establecido, se procederá al embargo de sus bienes, advirtiéndose así en la providencia de apremio.

Respecto al embargo de bienes y derechos, conforme con el artículo 169 LGT, respetando el principio de proporcionalidad, se embargarán los bienes del obligado teniendo en cuenta la mayor facilidad de su enajenación y la menor onerosidad de ésta para el obligado.

Si los criterios establecidos en el párrafo anterior fueran de imposible o muy difícil aplicación, los bienes se embargarán por el siguiente orden:

a) Dinero efectivo o en cuentas abiertas en entidades de crédito.

b) Créditos, efectos, valores y derechos realizables en el acto o a corto plazo.

c) Sueldos, salarios y pensiones.

d) Bienes inmuebles.

e) Intereses, rentas y frutos de toda especie.

f) Establecimientos mercantiles o industriales.

g) Metales preciosos, piedras finas, joyería, orfebrería y antigüedades.

h) Bienes muebles y semovientes.

i) Créditos, efectos, valores y derechos realizables a largo plazo.

Al recibir esta diligencia de embargo, el obligado tributario puede contestar.

Llegado a este punto la Agencia tributaria, puede notificar a la empresa donde trabaje el obligado tributario, para proceder al embargo del salario, siendo así, la empresa puede contestar señalando las circunstancias laborales del trabajador.

[NOMBRE_EMPRESA].

[CIF].

[DOMICILIO].

AGENCIA TRIBUTARIA.
DELEGACIÓN ESPECIAL DE [LOCALIDAD].

Dependencia regional de recaudación.

[DOMICILIO].

En [LOCALIDAD], a [FECHA].

Asunto: DILIGENCIA DE EMBARGO DE SALARIOS.

N.º de referencia: [NÚMERO].

N.º de la Diligencia: [NÚMERO].

Fecha de la Diligencia: [FECHA].

Don/Doña [NOMBRE_CLIENTE], con DNI n.º [DNI], actuando en nombre y representación de la sociedad [NOMBRE_EMPRESA] en su calidad de [ESPECIFICAR] **(1)** con domicilio en C/ [CALLE], n.º [NUMERO] en [LOCALIDAD], correo electrónico [EMAIL], teléfono [FIJO O MÓVIL], comparece y, como mejor proceda,

DICE

PRIMERO.- Con fecha [FECHA] se ha recibido en el domicilio social de la empresa a la que represento, Diligencia de Embargo de Salarios, con los datos de identificación arriba indicados, expedida por este Órgano, a través de la cual ordenan el embargo del salario del trabajador [NOMBRE DEL TRABAJADOR] con DNI [DNI DEL TRABAJADOR].

SEGUNDO.- En contestación al mencionado requerimiento de pago, en base a los Artículos 163 y siguientes de Ley General Tributaria, a través del presente escrito presento las siguientes:

ALEGACIONES

PRIMERA.- La situación laboral del obligado al pago respecto a la empresa a la fecha de la recepción de la diligencia de embargo es:

[SEÑALAR EL CASO QUE CORRESPONDA]

A) El obligado al pago nunca ha trabajado para la empresa.

B) El obligado al pago ya no trabaja para la empresa. La fecha de finalización de la relación laboral fue [DÍA/MES/AÑO] y no se adeuda ningún importe a favor del trabajador. **(2)**

C) El obligado al pago percibe actualmente retribuciones de la empresa que no superan el salario mínimo interprofesional.

D) El obligado al pago percibe actualmente retribuciones de la empresa que superan el salario mínimo interprofesional.

- Tipo de contrato de trabajo [ESPECIFICAR].

- Importe líquido estimado total a percibir durante el periodo del contrato de trabajo [ESPECIFICAR].

- Existen embargos previos que, en virtud de los límites establecidos en la normativa vigente, impiden el cumplimiento inmediato de esta orden de embargo [SEÑALE], la fecha prevista de finalización es [DÍA/MES/AÑO].

Por lo expuesto,

SOLICITO:

A este órgano Administrativo que habiendo presentado en tiempo y forma el presente escrito, se sirva admitirlo a trámite y tenga por contestada la diligencia de embargo de salarios.

Para que así conste, firmo en [LOCALIDAD], a [FECHA].

[FIRMA]

---

(1) Apoderado, administrador, entre otros.

(2) O en su caso indicar si a la fecha de la recepción de la diligencia de embargo tiene importes pendientes de pago (atrasos o similares). Señalar si existen atrasos y cumplimentar las fechas previstas de pago y los importes líquidos estimados.

Formulario de recurso de reposición contra diligencia de embargo

El recurso de reposición contra diligencias de embargo es un medio de impugnación de estas de carácter potestativo y previo a la reclamación económico-administrativa que podrá interponerse en el plazo de un mes a contar desde el siguiente a la notificación del acto que se impugna.

Contra la diligencia de embargo sólo serán admisibles los siguientes **motivos de oposición** (art. 170 de la LGT):

Extinción de la deuda o prescripción del derecho a exigir el pago.

Falta de notificación de la providencia de apremio.

Incumplimiento de las normas reguladoras del embargo.

Suspensión del procedimiento de recaudación.

AGENCIA ESTATAL DE ADMINISTRACIÓN TRIBUTARIA
ADMINISTRACIÓN DE LA A.E.A.T. DE [LUGAR]

ÓRGANO COMPETENTE [ESPECIFICAR]

Don/Doña [NOMBRE]**,** con NIF [NIF], con domicilio fiscal en [DOMICILIO], y domicilio a efecto de notificaciones en [DOMICILIO], correo electrónico [EMAIL], teléfono [FIJO O MÓVIL], actuando en nombre propio ante esa Administración **(1)**, interpongo el presente recurso de reposición contra la diligencia de embargo, y como mejor proceda en Derecho,

DIGO

PRIMERO.- En fecha [DIA] de [MES] de [AÑO] le ha sido notificada a esta parte diligencia de embargo dictada por [ESPECIFICAR] **(2)**, en el curso del procedimiento de recaudación con número de expedientes [NÚMERO] que se sigue ante esta Administración para el cobro de las deudas que en la misma se incluyen. Se adjunta fotocopia de la referida providencia como documento anexo.

SEGUNDO.- Esta parte considera el citado acto administrativo no conforme a derecho y lesivo a mis intereses, por [ESPECIFICAR]. **(3)**

TERCERO.- El motivo alegado es una de las causas de oposición a la diligencia de embargo que contiene el apartado tres del artículo 170 de la Ley 58/2003, de 17 de diciembre, General Tributaria.

Conforme a lo expuesto, y al amparo de lo dispuesto en los artículos 222 a 225 de la Ley General Tributaria, en relación con los artículos 123 y 124 de la Ley 39/2015, de 1 de octubre, del Procedimiento Administrativo Común de las Administraciones Públicas,

SOLICITO:

Tenga por presentado este escrito en tiempo y forma, se admita como **RECURSO POTESTATIVO DE REPOSICIÓN** contra la diligencia de embargo, y se adopte resolución de acuerdo con las alegaciones efectuadas, anulando en consecuencia la misma. Asimismo, hago constar que contra el presente acto no se ha interpuesto reclamación económico-administrativa.

En [LOCALIDAD], a [DÍA] de [MES] de [AÑO]

[FIRMA]

OTROSÍ DIGO: interesa a esta parte suspender la ejecución del acto recurrido, a cuyo fin, y de conformidad con lo dispuesto en el artículo 224 de la Ley General Tributaria, solicita la suspensión automática de la ejecución del acto administrativo que se impugna, ofreciendo la siguiente garantía: [ESPECIFICAR] **(4)**

Por todo lo expuesto,

SOLICITO:

Se tenga por presentada y aceptada la garantía prevista en el apartado anterior.

En lugar y fecha *ut supra*

Fdo.: [FIRMA]

---

(1) Si interviene como representante sustituir por:

En caso de representación por persona física: actuando en su representación don/doña [NOMBRE], con NIF [NIF] y domicilio en [DOMICILIO], según acreditación en documento que se adjunta.

En caso de representación por persona jurídica: actuando como representante de la Entidad [NOMBRE_EMPRESA], con NIF [NIF] y domiciliada en [LOCALIDAD] calle [CALLE], número [NÚMERO], según acreditación que en documento se acompaña.

(2) Órgano de la Administración.

(3) Contra la diligencia de embargo sólo serán admisibles los siguientes motivos de oposición (artículo 170 de la LGT):

- Extinción de la deuda o prescripción del derecho a exigir el pago.
- Falta de notificación de la providencia de apremio.
- Incumplimiento de las normas reguladoras del embargo.
- Suspensión del procedimiento de recaudación.

(4) El apartado 2 del artículo 224 de la LGT especifica que para suspender la ejecución del acto impugnado será necesaria alguna de las siguientes garantías:

- Aval o fianza de carácter solidario de entidad de crédito o sociedad de garantía o certificado de seguro de caución.
- Fianza personal y solidaria de otros contribuyentes de reconocida solvencia.
- Depósito de dinero en efectivo o valores públicos.

Formulario de recurso de reposición contra la diligencia de embargo por falta de notificación de la providencia de apremio

El recurso de reposición contra diligencias de embargo es un medio de impugnación de estas de carácter potestativo y previo a la reclamación económico-administrativa que podrá interponerse en el plazo de un mes a contar desde el siguiente a la notificación del acto que se impugna.

Contra la diligencia de embargo sólo serán admisibles los siguientes **motivos de oposición** (art. 170 LGT):

Extinción de la deuda o prescripción del derecho a exigir el pago.

a) **Falta de notificación de la providencia de apremio.**

Incumplimiento de las normas reguladoras del embargo.

Suspensión del procedimiento de recaudación.

AGENCIA ESTATAL DE ADMINISTRACIÓN TRIBUTARIA
ADMINISTRACIÓN DE LA A.E.A.T. DE [LUGAR]

ÓRGANO COMPETENTE [ESPECIFICAR]

Don/Doña [NOMBRE] con NIF [NIF] con domicilio fiscal en [DOMICILIO] y domicilio a efecto de notificaciones en [DOMICILIO], actuando en nombre propio ante esa Administración **(1)**, interpongo el presente recurso de reposición contra la providencia de apremio, y como mejor proceda en Derecho, **DIGO:**

PRIMERO.- En fecha [DÍA] de [MES] de [AÑO] le ha sido notificada a esta parte Diligencia de Embargo dictada por [ESPECIFICAR] **(2)**, en el curso del procedimiento de recaudación con número de expedientes [NÚMERO] que se sigue ante esta Administración para el cobro de las deudas que en la misma se incluyen. Se adjunta fotocopia de la referida providencia como documento anexo.

SEGUNDO.- Esta parte considera el citado acto administrativo no conforme a derecho y lesivo a mis intereses, por falta de notificación de la providencia de apremio, al no apreciarse del expediente puesto de manifiesto con ocasión del presente recurso, alegando, en consecuencia, la concurrencia de un defecto de forma en la notificación de la providencia de aprecio que impide continuar el citado procedimiento.

TERCERO.- El motivo alegado es una de las causas de oposición a la diligencia de embargo que contiene el apartado tres del art. 170 de la Ley 58/2003, de 17 de diciembre, General Tributaria.

Conforme a lo expuesto, y al amparo de lo dispuesto en los artículos 222 a 225 de la Ley General Tributaria, en relación con los artículos 123 y 124 de la Ley 39/2015, de 1 de octubre, del Procedimiento Administrativo Común de las Administraciones Públicas,

SOLICITO:

Teniendo por presentado este escrito en tiempo y forma, se admita como **RECURSO DE REPOSICIÓN** contra la diligencia de embargo, y se adopte resolución de acuerdo con las alegaciones efectuadas, anulando en consecuencia la misma. Asimismo, hago constar que contra el presente acto no se ha interpuesto reclamación económico-administrativa.

En [LOCALIDAD], a [DÍA] de [MES] de [AÑO]

Fdo.: [FIRMA]

OTROSÍ DIGO: interesa a esta parte suspender la ejecución del acto recurrido, a cuyo fin, y de conformidad con lo dispuesto en el artículo 224 de la Ley General Tributaria, solicita la suspensión automática de la ejecución del acto administrativo que se impugna, ofreciendo la siguiente garantía: [ESPECIFICAR] **(3)**.

Por todo lo expuesto,

SOLICITO:

Se tenga por presentada y aceptada la garantía prevista en el apartado anterior.

En [LOCALIDAD], a [DÍA] de [MES] de [AÑO]

Fdo.: [FIRMA]

---

(1) Si interviene como representante sustituir por:

En caso de representación por persona física: actuando en su representación Don/Doña [NOMBRE], con NIF [NIF] y domicilio en [DOMICILIO], según acreditación en documento que se adjunta.

En caso de representación por persona jurídica: actuando como representante de la Entidad [NOMBRE_EMPRESA], con NIF [NIF] y domiciliada en [LOCALIDAD] calle [CALLE], número [NÚMERO], según acreditación que en documento se acompaña.

(2) Órgano de la Administración.

(3) Aval o fianza de carácter solidario de entidad de crédito o sociedad de garantía o certificado de seguro de caución.

Fianza personal y solidaria de otros contribuyentes de reconocida solvencia

Depósito de dinero en efectivo o valores públicos.